がん保険に加入する前に読む本

菊地 勉 著

セルバ出版

はじめに

　私たちが生きる日本は、超高速で少子高齢社会化が進んでいる潮流の中にいる。生き残りをかけたマーケットシェア争いが激しい保険業界は、人工知能（Artificial Intelligence・略してＡＩ）の導入が進んでいる。

　金融ビッグバンの中で、１９９８年に始まった保険料率の自由化に伴って、成長と発展のためにかかる、例えば、代理店手数料などのコストカットを強行してきた保険会社は、その後、昨年の２０１６年５月29日に施行された改正保険業法で、将来の保険募集人カットへの態勢を整えた。

　そして、昨今のマイナス金利などでの影響で、さらに経営環境が厳しくなった保険会社では、さらなるコストカットのために、新たなるサービスという位置づけで、フィンテック（Fin Tec）による新たな競争を模索している。

　このフィンテック（Fin Tec）とは、ファイナンス（Finance）とテクノロジー（Technology）を組み合わせた造語である。

　マイナス金利などで向かい風の環境の中にいる金融機関にとっては、人から機械にシフトすることで、効率よく、よりスピーディーに事業を展開していくための新しいサービスが、競争を勝ち抜く大きな鍵となっている。

　人工知能〈ワトソン〉には、保険金や給付金支払いの査定がより正確、迅速になることに期待をかけている。すでに、かんぽ生命保険が導入の発表をしているし、生損保の雄である日本生命保険や東京海上日動火災保険も導入を検討している。

保険会社における人工知能（ＡＩ）導入は、保険業界が生き延びるためであって、そこには残念ながら、消費者である契約者（被保険者）は不在であるともいえる。

各保険会社のがん保険のパンフレットを比較しても、どこも似たり寄ったりで、よく見ても大きな違いを見つけることはできない。また、がん保険の本当の中身について、積極的に説明をしないし、できないのが保険会社や保険募集人なのだ。

保険会社には、テレビや新聞、インターネット等でのイメージ戦略でなく、契約者を守るという使命に基づいたがん保険商品の開発をし、地に足の着いた情報提供をしてもらいたいものだ。

見せかけの保障の広さや、単純にコスパがいいとか、保険料が安いとか、一生涯の安心であるとかなどの指標だけでは、「がん保険商品の本当の姿」はわからない。

コスパや見せかけの保障条件に惑わされずに、「ＩＣＤと約款」を分析すると、そこには明確に、がん保険商品の中に見え隠れするその本当の姿が浮き彫りになってくる。

保険会社や保険募集人が説明しないし、できないその核を、読者が確認できるように「分析のやり方」をお示ししたので、ぜひご活用いただきたい。

２０１７年４月

菊地　勉

がん保険に加入する前に読む本　目次

第2章　ＩＣＤは、がん保険の心臓

第3章　がん保険の定義と対象となるがん

第4章　上皮内新生物の問題点

序章　がん保険が消滅する日

あやふやながん保険

がん保険のことを「あやふや」なんて書いたら、保険会社の社員達や、ご同業の保険募集人からクレームがきそうだが、事実だからしかたない。

がん保険は、1974年、アメリカンファミリー生命保険(以下、アフラック生命)から発売された。1998年の日本版金融ビッグバンまでは、アフラック生命を筆頭に、中小や外資系の生命保険会社での独占販売が続き、発売25年後の1999年のアフラック生命のマーケットシェアが85%を超えるほどになった。

その後、日本の大手生命保険会社や損害保険会社でも医療保険やがん保険が発売できるようになった。さらに、その後、2007年には銀行から、さらにインターネットから、2016年にはドコモからも発売できるようになるなど、医療・がん保険商品開発にしのぎを削りながら、どんどん販売網を強化拡張し今日に至っている。

ただ、残念なことに、がんに罹患しても保険会社から給付金が支払われなかったりするケースが少なくない現実がある。死亡保険の保険金の支払いは、自殺免責期間以内か否か、モラルリスクは、犯罪性は、心神喪失性は……などと、客観的な判断ができる。

しかし、医療・がん保険は、身体の内部のことであり、その給付金の支払いの対象となるか否かの判断が難しいのだ。特に、上皮内新生物と悪性新生物との判断は難しいケースもあり、医者の診断と保険約款の解釈によっては、契約者(被保険者)にとって、期待に相反する結果となるリスクがつきまとう。

増える乳がん

西暦２０２０年のわが国のがん罹患に関する推計（大野ゆう子、中村隆、他。日本のがん罹患の将来推計─ベイズ型ポワソン・コウホートモデルによる解析に基づく２０２０年までの予測・図表1、2）によると、女性1位の乳がんに5万２２１人がなり（女性の全部位では37万7，３９６人）、そして男性1位の肺がんに9万５２８人がなる（男性の全部位では50万７２３人）と予測されている。

このように、従来欧米に多い乳がんは、日本でも年々増加傾向にあり、１９８０年以降に上昇し始め、１９９０年後半から２０００年頃には胃がんを抜いて女性が罹患するがんの1位になっている。しかも、従来だと、40代半ばと60代半ばに2度の発症のピークがあったのが、発症の低年齢化が進み、２００５年には30歳頃からの罹患が急上昇している。

北斗晶さんが乳がんを公表したのが、２０１５年9月のことで、ステージ2B（5年後生存率は50％）だった。右乳房の全摘出をして、さらに右脇下のリンパ腫への転移も見つかったためリンパ腫の摘出手術をされた。北斗晶さんが呼びかけたこともあるが、この後、日本の多くの女性がマンモグラフィー検査の受診をしたと、メディアが伝えていた。

このことは、マンモグラフィー検査など乳がんに関して、「ピンクリボン運動」を推進するＮＰ

【図表１　2020 年におけるがん患者数】

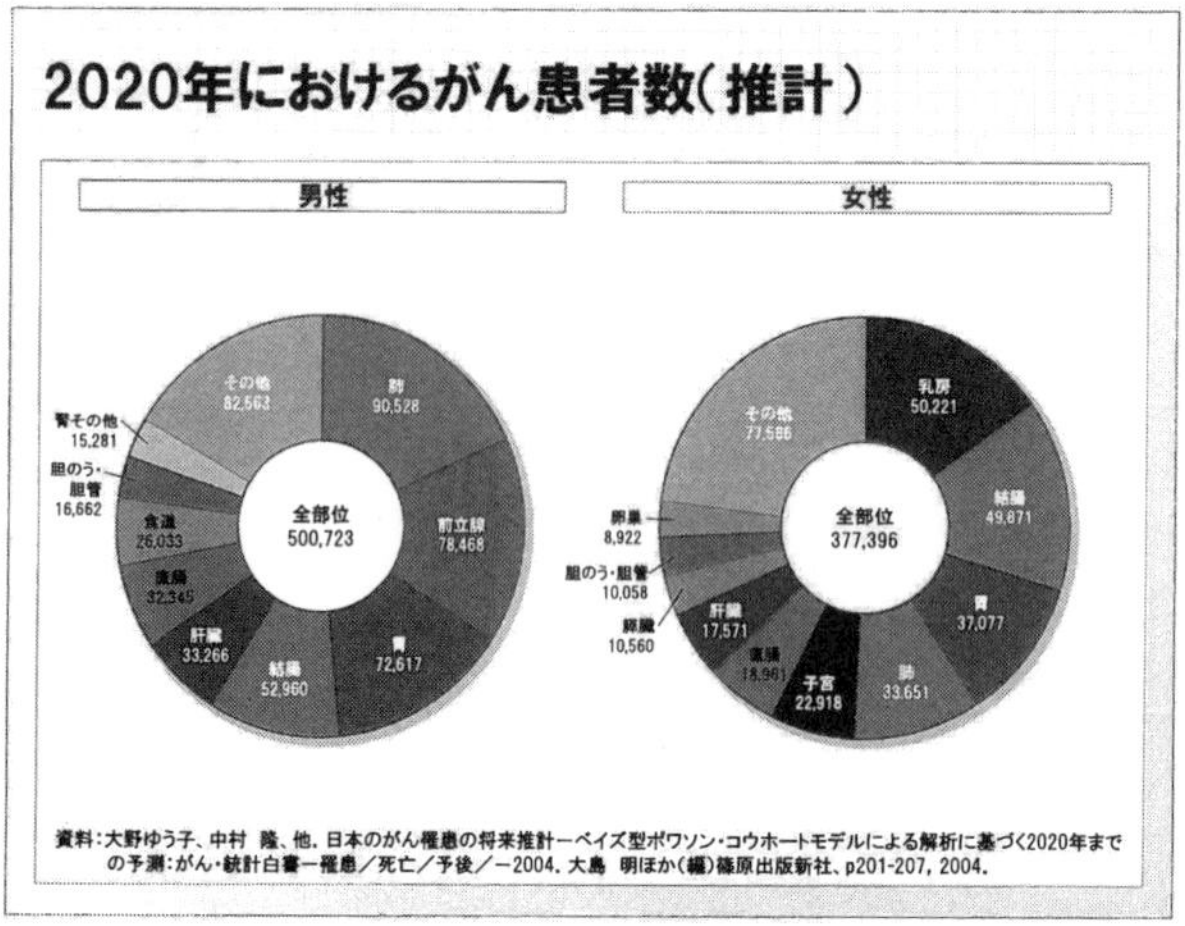

【図表２　2020 年までの部位別年齢調整罹患率の予測】

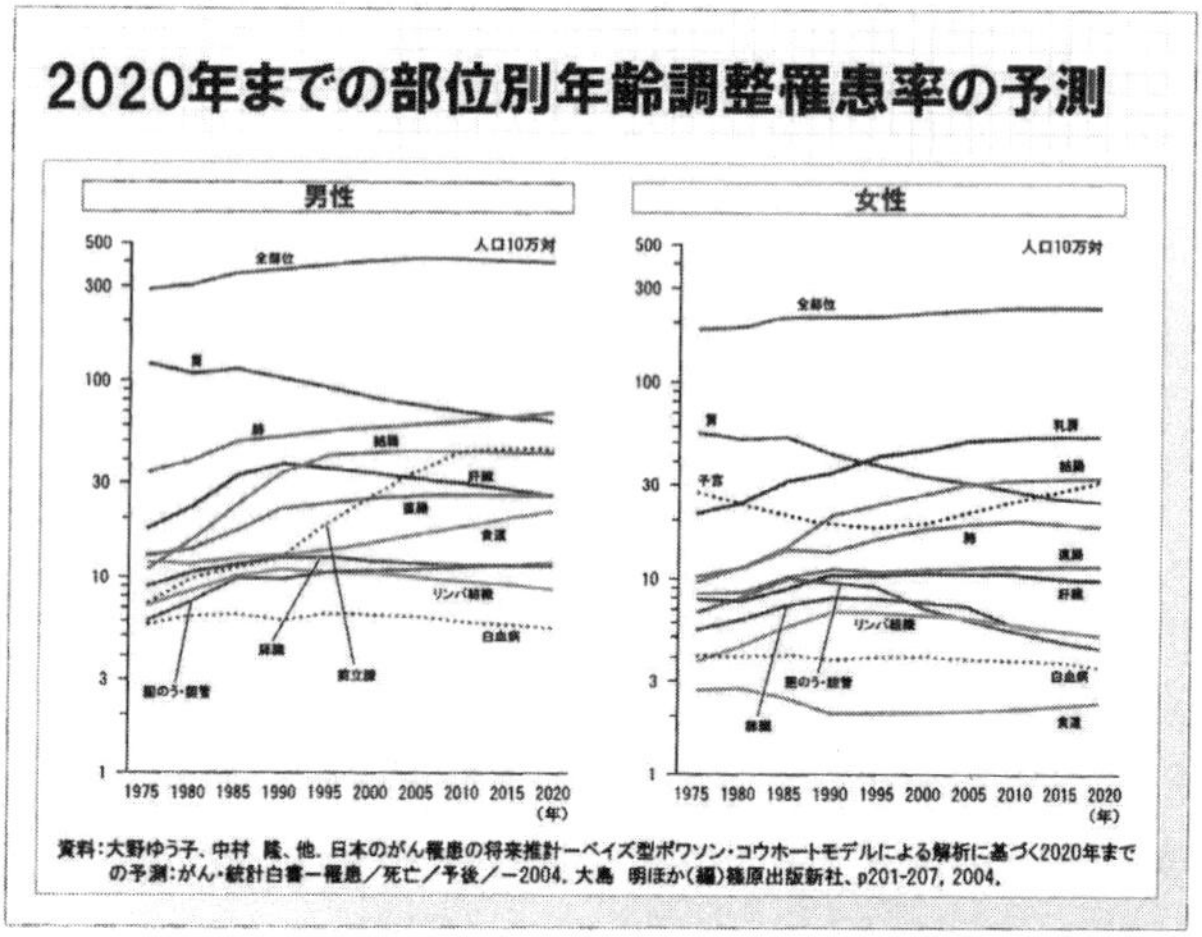

O法人や、がん検診の旗振り役を担っている「日本公益財団法人日本対がん協会」などは、ほくそ笑んでいたことだろう。

しかし、このマンモグラフィー検査や陽子線、重粒子線治療などの「医療と放射線と電磁波」のあり方についても賛否両論がある。

最近では、小林麻央さんの32歳という若さで罹患した乳がんについて、市川海老蔵さんが2016年6月に会見を開いて公表した。

がんの中でも、とりわけ乳がんは、食生活の影響が大きい疾患だといわれている。社会で活躍する女性が増え、ライフスタイルが大きく変化した。妊娠未経験者、初産年齢の高齢化、低年齢化している初潮、そして遅い閉経など、女性ホルモン環境の変化が、乳がんの発症に影響があるといわれている。

もし、あなたのがんは保障の対象外と言われたら

もし、がんに罹患して、保険会社から「あなたのがんは保障の対象外」と言われる可能性があり、実際そうなったらたまったものではなく、目も当てられない。

本書では、がん保険は貯蓄で備えるリスクだけれど、「どうしても保険に入ると決めたら、ご参考にしてもらえたらということで、20の保険会社と1つの共済の目安となるランキングを公表する。

ところで、10年以上前にがん保険に入り、今も契約継続中のがん保険は「化石化」している。心

当たりのある読者は、家に帰って「保険のしおりや約款・パンフレットなど」の資料を確認してほしい。

そして、後に紹介する図表4（55ページ）の内容が約款に記載されていたら、直ちに見直してほしい。この図表4に記載されている「ＩＣＤ９」は、ＷＨＯ（世界保健機関）で定められた世界標準のコードだけれども、絶版になっている。それにもかかわらず、がん保険を契約し続けている限り、「ＩＣＤ９」は生き残っていくのである。

脳や脊髄をつくっている中枢神経細胞や心臓の筋肉をつくっている心筋細胞は、人間の受精卵が胎児へと発達し、さらに小児になるまでに必要なだけ分裂して、細胞として特別の役割を持つようになると、そこで分裂する能力（分裂能）を喪失してしまう。そのため、少なくとも成人の場合は、「中枢神経がん」や「心臓がん」にはならないとされている。

したがって、これら以外はどこにでも発症する可能性があるがんだけに、対象となるがんは、広く保険でカバーしておくことが望ましいといえる。

原発と放射線とがん

福島第一原発事故が発生して、今年の3月11日で6年という時間が過ぎ去った。福島の放射能・放射線災害は、終わらないまま今後、数千年経っても収束することはないだろう。その影響は、簡単に除染できるものではなく、動植物や人間をむしばみ、この6年もの間に放射能性物質は全国に拡散してしまった。

放射線には半減期があるので、その影響は小さくなっていくから心配ないといわれているが、ただ半分の半分になっていくだけで永遠にゼロにはならないで留まってしまうのだ。

東日本大地震をきっかけに発生した福島第一原発事故は、1968年のチェルノブイリ原発事故の3倍の希ガスと、大量のほかの揮発性および非揮発性放射性元素などの放射性物質を、大気中と河川や海に放出させた。特に、地元の元知事が反対していた「がんの原因となる最大の猛毒物プルトニウム」のMOX燃料を使って運転していた福島第一原発3号機の爆発は、致命的であった。

チェルノブイリ原発事故は陸地であったが、福島第一原発事故では陸地よりも海域汚染の拡散の影響がどれだけあるのかというデータがわからないので心配である。

まず、安全な放射線量というのはない。安心させるために、低線量放射線なら安全だと、国が定めているにすぎない。

2011年10月、ノルウェーのアンドレアス・ストール博士らによる研究チームは、セシウム137の放出量は、3万5800テラベクレルであると発表した。

『封印された「放射能」の恐怖』の著者であるECRR科学事務局長のクリス・バズビー氏がその発表されたセシウム137の放出量の数値をベースに計算して、福島第一原発とチェルノブイリの放出量を比較し、福島第一原発からの放射線の放出量がチェルノブイリの原発の2倍以上であるとわかったと、同著で述べている。

アメリカ・ネバダ州のセントジョージの町から220キロも離れた場所で、1951年に第一発目の原爆核実験が行われて、ネバダ州の砂漠にキノコ雲が立ち上った。それから5年後の1956年から市民のがんでの死亡が増えはじめて、アメリカ西部3州（ネバダ・ユタ・アリゾナ州）でのがん死者の洪水は止まらなかった。また、ネバダの核実験（1957年）に参加していた軍人ポールクーパーは、20年後の1977年4月に白血病で死亡した。

他には、ソ連のシベリアで水爆実験が行われた。そして、アメリカで2度にわたり行われた水爆実験のうち、1954年3月1日にマーシャル諸島ビキニ環礁での水爆実験により、当時この海域で漁をしていた日本の漁船の第5福音丸に死の灰が降りかかった。そして築地にあがったマグロからは強度の放射能が検出される事態になった。その結果、多くの漁師が廃業していった。

しかし、当時、その海域には、そのほか多くの日本漁船がいたが取り上げられることはなかった。その後、わずか半年後の1954年9月3日、第5福音丸の無線長・久保山愛吉さんが、急性白血病により40歳の若さで死亡した。

チェルノブイリ原発事故では、甲状腺がんのほか、白血病、乳がん、膀胱がん、胃がん、肺がんも増加している。地球上から永遠に消えないセシウム137の影響が懸念される

チェルノブイリで起きていることを、日本でのこれからの被害の予測や対策に役立てなければならない。できる限り被ばくを避けて、がんの予防をすることが急務といえる。

クリス・バズビー氏は、著書『封印された「放射能」の恐怖』の中で、放出されたセシウムのそ

の推定量の70%が海に放出されてしまったと述べている。その海域で汚染された魚介類は、その体内に放射性核種が濃縮されるので、さらに大きな被害が出ることになる。しかし、拡散することで薄まるので大丈夫だといわれているが、全くそんなことはあり得ない。

実際、クリス・バズビー氏は、アイリッシュ海やバルト海沿岸の浅瀬の汚染度を測定しているが、放射性物質は海岸線に戻ってきたと述べている。汚染された海流の波しぶきの泡が表面張力によって放射性物質を吸着し、その波しぶきがれきや海岸に近いところに飛び散って放射能汚染をしているという指摘だ。

これから、がんを発症するがん保険契約者は増え続けていくだろう。そして、がん検診の受診の甲斐があって、上皮内新生物がたくさん見つかることにより、保障するがん保険の給付金支払いが増えていくことだろう。

給付金支払いの増加は、保険料収支にも影響し、その解消のためにがん保険料の値上げになっていく可能性がある。その結果、消費者ががん保険契約の回避をすることもあるだろうし、あるいは、がん保険に入る前にがんを発症して、がん保険に入れない消費者も出てくることも予想できる。さらに、少子高齢化が進み、人口そのものが減少することで、将来の見込契約者も減少していくことだろう。

各保険会社や各共済などは、がん保険の生き残りをかけて、熾烈な競争が展開されるだろうが、そのために保険料値上げを逡巡させることも想定できる。そうなると、ますます収支のバランスが悪くなっていくのは自明の理である。

日々の暮らしの中で……がん保険

戦後、日本の食生活はガラッと変わった。戦前までは、植物性の食材が食卓に上がり、ご飯に、味噌汁、漬物、野菜の煮物などと、動物性の食材の摂取は魚介類が中心の和食だった。

それが、戦後の食糧難時代に、大量の小麦と大麦などがアメリカから輸入された。戦前までは日本人にあまり馴染みのない「パン食」が、学校給食に取り入れられ、さらにパンに合う飲み物として「牛乳」が急速に普及させられていった。

また、栄養改善を目的に、1951年からキッチンカーと呼ばれた「栄養指導車」で、大阪府内を走り回って家庭の主婦に料理講習が行われていった。料理講習での献立には、アメリカからの強い要請で小麦と大豆を使った料理が中心とされた。キッチンカーでは、パン、スパゲティなどの麺類、ホットケーキ、ドーナツなどの小麦料理や、フライパンを普及させたのもこの時期だった。そして工業製品のサラダ油を使った料理が多かった。

日本は、急速に、西洋に追いつけ、追い越せの意気込みで、ヨーロッパの栄養学を取り込んできたわけだ。振り返ってみると、現代日本人の食生活の欧米化が始まって、わずか60数年しか経っていないのである。

しかし、この短い歴史の中で、パン、牛乳、肉類、卵、ヨーグルト、チーズ、バターなどの乳製品は、日本人の身体によくない影響を及ぼしてきたといえる。

もともと、ヨーロッパの気候風土は、米や野菜の栽培には向かない。しかし、小麦や牧草は、栽培に向いている。

牧草などを家畜に食べさせて育ててから、牛、豚、鶏肉などを食べたり、牛乳を搾ったり、卵をとったりした。さらに、その牛乳からバターやヨーグルト、チーズなどを、そして卵を使って乳製品をつくった。

このような経緯があって、欧米型の食のあり方にうまく合うように、長い時間をかけて人の身体に、これらの食べ物が胃腸でうまく消化吸収できるように適合していったのである。

例えば、現に欧米人の胃のカタチは、日本人のそれとは違っている。胃の中に長く留まることがないように牛角胃になっているため、短い時間で腸に届くようになっている。そのため乳酸菌などが生きたまま届くのである。

このような身体になっていない日本人が、パン、牛乳などの小麦や乳製品をたくさん摂取してきたことで、乳がん、前立腺がん、肺がん、大腸がんなどの欧米型のがん増えてきたといわれているのが、日本の現状なのである。

欧米型の食生活が定着した日本では、がんのほかに、大人のアトピー、アルツハイマー型認知症などの脳疾患、がん、心疾患、急性心筋梗塞、肥満、糖尿病、うつなどの心の病気……がこれからさらに増加してくるだろうといわれている。

食生活において、摂取する1つひとつの食材や飲食品などが、人の身体をつくっているわけだ。普段、スーパーやコンビニなどでパック詰めされた食材や飲食品の裏側の表示を見ると、食品添加物の羅列に驚かされる筆者は、これを見ると急に食欲が減退し陳列棚に戻してしまうことがある。

日々の暮らしの中では、パンなどの小麦製品、牛乳などの乳製品、マーガリンやマヨネーズ、菓子などに使われているトランス脂肪酸、油脂、食品添加物などや放射能・放射線に汚染された水、魚貝類、農作物などに危険がいっぱいある。

しかし、もっと身近な危険が、現代社会にはある。それは、生活の質や利便性の向上、そして経済発展との引き換えに人間にふりかかる電磁波である。送電線や家電製品、携帯電話から出る電磁波の影響で、がんや白血病、アルツハイマー型認知症、心臓病などが発症している要因となっている。

では、この電磁波とはなんなのだろうか？　電磁波とは、電気と磁気の流れのことであり、空間に波をつくりながら進んでいく電磁気の流れである。

つまり、電気と磁気の2つの要素をもっているので、電気があるところには磁気があり、磁気に変化が起きると電気ができる。このように密接な関係にある電気と磁気は互いにつくりあいながら空間を進んでいくのが電磁波である。

高周波暴露検査に合格しているｉＰｈｏｎｅ

現代社会にはなくてはならない存在になった携帯電話から出る電磁波は、様々な分野においてトラブルを起こしてきた。加熱用に使われている周波数帯の周波数の高いマイクロ波が使われている携帯電話は、耳に密着して使用することが多いので、脳にもたらす電磁波により被ばくするのである。

しかし、スマホが普及している現況では、耳から離して会話をすることもできるので、被ばくの影響を受けにくくすることはできる。

先日、筆者が「ｉＰｈｏｎｅ６」から「ｉＰｈｏｎｅ７」に変えたときのことだった。梱包された箱の中に入っていた薄い紙に、半透明の文字で書かれていた説明書があるのに初めて気がついたのである。

> 「ｉＰｈｏｎｅは、高周波（ＲＦ）暴露に適用される制限の検査に合格しています。ＳＡＲ（Specific Absorption Rate）とは、人体がＲＦエネルギーを吸収する比率のことです。（中略）検査では、ｉＰｈｏｎｅ高周波は最大伝送レベルに設定され、頭部に密着した使用、人体近く（５㎜）をシュミレートした環境に配置されています。（中略）ｉＰｈｏｎｅを持ち運ぶときは、暴露レベルが検査時レベル以下になるように人体から５㎜以上離してください」

この内容は、ｉＰｈｏｎｅユーザーガイドの「高周波の人体の影響」に記載されている。そして、

ｉＰｈｏｎｅ6か、ｉＰｈｏｎｅ7の本体のトップ画面の「設定」↓「一般」↓「情報」↓「法律に基づく情報」↓「高周波暴露」と進んでいくと内容を確認できるので、ご存知でなければご覧になっていただきたい。

以前のｉＰｈｏｎｅ4や4Sを調べてみると、1・5㎝だったので、改善されたことになる。

アメリカ規格協会（ＡＮＣＩ）は、1966年に出した安全基準を1982年に改訂し、携帯電話の普及などによって、アメリカ電気電子学会（ＩＥＥＥ）の規格を受け入れ、2・5㎝離すことになった。この指針は、機器から2・5㎝離れることが前提になっているので、「携帯電話も2・5㎝離す」が前提となっているのだ。ヨーロッパでも同様に、暫定規格が1994年に承認されているが、内容はアメリカのＡＮＣＩやＩＥＥＥの規格に近いものであった。

日本でも同様、「電波防護標準規格」が1990年にまとめられているが、あくまで電磁波がもたらす発熱効果だけを考慮したものであって、がんや白血病などの非熱効果についての考慮はなされていない。

もともと携帯電話は、定格出力「7ワット」以下の放射源は基本指針を満たしていれば問題ないとしており、とても人の健康を守るような基準には至っていないが、日本では7㎝となっていた。

耳に当てながらのスマホやガラケー携帯電話の使用は、頭の形がちょうどレンズの役割を果たし、真ん中あたりで焦点を結ぶことになる。つまり、ホットスポットをつくってしまうので使用については注意と工夫が必要である。

電磁波の中での日々の暮らし

電磁波は、暮らしの中に蔓延る公害ともいえる。携帯電話なら一切使わない人もいるくらいだから、その気になれば（筆者では無理な話）、避けることは不可能ではない。

しかし、今の暮らしにおいては、たくさんの家電製品に囲まれ、それに頼らないと生きていけないようになってしまった。台所だけでも、電磁調理器（ＩＨクッキングヒーター）、電子レンジ、オーブンを筆頭に、冷蔵庫、炊飯器、食洗器、トースター、電気ポット、パンベーカリー器など、たくさんある。限られた台所という空間の中では、電磁波の届かないスペースというと、わずかしかない。

したがって、台所にいる限り、電磁波被ばくは避けられない。

対策としては、台所で使う家電商品をできる限り使わない、買わないこと。できる限り台所にいる時間を短くすることしかない。

しかし、乳がんに罹患しやすい台所家電商品の中では、電磁調理器（ＩＨクッキングヒーター）はガス調理器に戻せば、電磁波被ばくを回避することができる。

ほかにも、居間、バス・トイレ、脱衣所のユーティリティー・スペース、各寝室などの部屋などの家電商品からも電磁波被ばくをしている。現代社会での生活において、家の中でも安全で安心できないことになる。

今後、がんや白血病、上皮内新生物の罹患は、増えることがあっても、減ることはないだろう。

終戦後から、食の欧米化が推進され、ますます広がっていく現代社会において、医療技術の恩恵を受けて寿命を延ばしてきた。

しかし、長生きできた代償といえるが、今度は老化（加齢）とともにがんや白血病や生活習慣に伴う疾病が急激に増加してきた。そして、特に、脳疾患の1つであるうつやアルツハイマー型認知症などは、さらに急激に増加するだろうといわれている。

したがって、医療技術の進化は、人類の命を守り維持するためにしてきたことにより長生きできるようになったが、罹患する病気に対する医療費が急激に増えたことにより、国の皆保険制度の維持が困難なことになってしまった。

長生きできたことが、皮肉なことに今度は、医療現場ではそのコストを国も患者も、簡単に負担できなくなってきているなど治療に支障が出てきた。

それに備えて健康保険以外では、民間保険の医療・がん保険などは重要な位置づけにいるわけだが、健康保険の補完的な立ち位置に留まる民間保険を考えると、特に貯蓄がないか、少ない間は、医療・がん保険を買うことの検討が必要になるだろうが、それ以外なら、個人の医療・がん保険がカバーするリスクは、貯蓄で備えるほうが合理的であることは明らかだ。

しかし、第3章でも述べているが、11年前の日本経済新聞の2月16日付の記事では、日本において3200万件もの医療・がん保険が契約されているのだ。これは、成人の3人に1人が契約していることになる。医療・がん保険の契約者と、これから契約を検討している読者に、ぜひ、次章に読み進んでほしい。

第1章　がん保険のミカタ

1　今までのがん保険選びは間違っている

読者は、がん保険に限らず、個人の生命保険はどこから買っているのだろうか？　別の問い方で、保険を買う基準というか決め手は、どこなのだろうか？

前著の「保険は危険がいっぱい！」でも触れているが、まとめてみると読者の生命保険（がん保険含む）を選ぶポイントは、次の6つくらいなのだろうか！　と考えている。

① 保険はよくわからないから、親切で丁寧な保険募集人のすすめる保険を買う。
② 保険料は1円でも安い保険を買う。
③ 保険料は高くても、積立てで戻ってくるタイプの保険を買う。
④ 保障が一生涯続く保険を買う。
⑤ 利便性がよくて、保険料が安いネット販売の保険を買う。
⑥ パンフレットなどに記載されている保険条件がよい保険を買う。

主ながん保険の保障内容

がん保険は、医療保険で保障する疾患の中から、悪性新生物と上皮内新生物だけを取り出したものであるが、医療保険からも保障される。

では、なぜ、がん保険があるのか？　それは、〝がん〟というと「不治の病」、「高額な治療費の負担」という印象があるからだ。

人類は、がんと４０００年という長い苦闘の歴史の中で、医者や臨床医などの絶え間ない研究における「挑戦と失敗」の繰り返しの積み重ねなどによる成果により、遺伝子レベルまで解明されてきたが、根本的な克服までには至っていない。

しかし、ひと昔前のように、がんは不治の病ではなくなってきたことも事実である。そして、「がんの意識調査」によると、約30％の罹患者は１００万円程度で、約70％の罹患者は１００万円以下の治療費で治療を終えている。では、本当に治っているのか？　となると、不治の病であることは何ら変わらない。なぜなら、必ずがんが再発をしているからだ。

「不治の病」ではなくなったのは、「上皮内新生物」ががん検診で見つかりやすくなって、それを治療している結果であるということだ。

そして、悪性新生物（がん）とともに、この「上皮内新生物」を「上皮内がん」と呼ぶことで消費者の不安を煽るなど、ことさらに消費者を心配させる保険会社がいる。

不安を煽ったＣＭをテレビなどのメディアを媒介して広告宣伝を流し続ける（これは筆者の感覚的なものだが、以前と比べると少し減少した気がする）ことで、消費者のニーズは維持されているのである。

次ページからは、がん保険の各給付金の要点とその裏づけとなる約款について見ていくことにする。

①　がん診断給付金とがん治療給付金（がん入院給付金）

がん保険には、「がん診断給付金」と「がん治療給付金」がある。

前者は、入院治療しなくても、「がんと確定診断」されたらがん保険の対象となるタイプだ。後者は、「がんと診断確定」されてから、がんの治療を直接の目的とする入院をしなければ、がん保険の対象とならないタイプだ。

がんが見つかっても、進行ステージがⅢやⅣだと、がんの発症位置が悪かったり、がんの症状が重くて根治が望めないような場合には手術ができない。そんなときに、入院治療しなければならないタイプの「がん治療給付金」だけにしか契約をしていなければ、がん保険の対象とならないので注意が必要だ。

■がん診断給付金の約款

約款の規定には、「悪性新生物、上皮内新生物と脳腫瘍の罹患を保障する約款」、「悪性新生物、上皮内新生物を保障する約款」、「悪性新生物と上皮内新生物を分けている約款」があるが、いずれの約款も「がんと診断確定された」ことが給付金支払いの条件になる。

- 被保険者が、がん保障の責任開始日以降、保険期間中にがん保障の責任開始日を含めて悪性新生物（上皮内新生物）または脳腫瘍に罹患したと診断確定されたこと
- 被保険者が、がん保障の責任開始日以降、保険期間中にがん保障の責任開始日を含めて所定

のがん（悪性新生物または上皮内新生物）と診断確定されたこと
・被保険者が、がん保障の責任開始日以降、保険期間中にがん保障の責任開始日を含めて所定の悪性新生物（上皮内新生物は除く）と診断確定されたこと

■がん治療給付金の約款とがん入院給付金の約款

「がんの治療を直接の目的とする入院」をする条件が必要となる。この約款の条文に関する解釈と実務は、各保険会社などで統一がされていない。

がん治療をする前に、そのために必要な別の治療を事前にしてしまうと、この約款の条文が適用されるのである。今から7年前の毎日新聞（２０１０年2月4日）「がん摘出手術に必要な血統コントロールのための入院に対して、がん保険の入院保険金が支払われないトラブル」（国民生活センター消費者苦情処理専門委員会小委員会　助言）に詳しく記載があるが、前著の「保険は危険がいっぱい！」にも取り上げているのでぜひお読みいただきたい。

・被保険者が、がん給付の責任開始期以降、次のいずれかの入院を開始したとき
①　がん給付の責任開始期以降に診断確定されたがんの治療を直接の目的とする入院
②　病院または診療所（別表○）における入院（別表○）

②　がん診断給付金　複数回支払い

この保障は、初回がん診断給付金の支払いの後に、2回目以降のがんに罹患した場合に保険の対象となるものであるが、その内容については各保険会社で統一されていない。

複数回支払いのがん診断給付金の支払条件をまとめると次のようになる。

- 一般的には初回のがん診断給付金の支払事由に該当した最終の給付金支払日から、その日を含めて2年以上経過していて、新たにがんと診断確定されなければならない。
- 原発がん（新たながん）でも、再発がんや転移がんでも、どちらでも約款上に何も規定していない保険会社と、その取扱いの違いを約款に明記している保険会社もある。
- 2回目以降の診断給付金の支払回数も2年に1回を限度に何度でも支払うと規定していたり、1年に1回を限度に5回までと上限を設定していたり、そもそも初回のがん診断給付金だけで2回目以降は支払う規定がなかったりするなど、ばらばらである。
- 2回目以降は、悪性新生物の診断確定だけではなく、治療を直接の目的として入院しなければ保険の給付金の支払いの対象外となる保険会社もある。
- がんの診断の定義は、医学的には難しいものであるが、再発がんや重複がんは、新たな原発がんの診断より難しいので、トラブルになることも予想される。がんのサーバイバー（Cancer survivor）も多くなってきていることは、がん療養の長期化につながるため、保険契約時によく理解できるように保険募集人にしっかりと明確な説明を求めなければならない。

・がん診断給付金の支払事由に該当した最終の日からその日を含めて2年を経過した翌日以降に、新たにがんと診断されたとき（再発または転移を含みます）。ただし、再発の場合、すでに診断確定されたがんを治療したことにより、がんが認められない状態（以下「治癒または寛解状態」といいます）となり、その後再発したと診断確定されることを要します。
・2回目以降
前回のお支払事由発生時からその日を含めて2年を経過した日の翌日以降に、悪性新生物の治療を目的として入院されたとき

③　がん手術給付金

「がんの治療を直接の目的とする入院」を条件とするので、注意が必要となる。手術給付金の支払回数も、その方法も保険会社により違うので、保険契約時によく理解できるように保険募集人にしっかりと明確な説明を求めなければならない。

・被保険者が保険期間中にがんの治療を直接の目的として、所定の手術を受けられたとき
手術の種類に応じたがん手術給付金額
・被保険者が、がん給付の責任開始期以後、次のいずれにも該当する手術を受けたとき

①がん給付の責任開始期以後に診断確定されたがんの治療を直接の目的とする手術　②病院または診療所（別表○）において受けた手術　③別表○に定めるいずれかの種類の手術1回の手術につき、がん入院給付金日額に手術の種類に応じて別表○に定める給付倍率を乗じた金額

・被保険者が、主契約の給付の対象となる入院をされ、がん給付の責任開始期以後に診断確定された所定のがん（悪性新生物また上皮内新生物）の治療を直接の目的として、がん給付の責任開始期以後の保険期間中に所定の手術を受けられたときに、手術給付金をお支払いします。

一部の手術を除き、お支払回数の限度はありません。ただし、上皮内新生物の手術の場合、保険期間を通じて1回のみのお支払いとなります。

④　放射線治療給付金

がんの三大療法《手術・化学（薬物）・放射線療法》の一角として、治療前の検査技術や照射方法の進歩、治療装置の進化などにより、がんの大きさや位置を測る精度やピンポイントで集中的に照射する技術が格段の向上をしている。

保障内容は、60日に1回の放射線治療給付で、基本給付金の○倍を支払う、がん入院給付金の○倍、1回につき○万円などのタイプがある。

また、50グレイ（Gy）未満は、給付金が支払われない規定を使っている保険会社が多いが、メットライフ生命にはその規定はない。

放射線治療給付のタイプは、「限定列挙の手術としての給付の規定」と「公的医療保険制度の給付対象となる所定の放射線治療に連動する規定」がある。メットライフ生命は、主契約（ガン治療給付金）として診断と治療の組合せによる給付金支払条件となっている。

公的医療保険連動（給付金が独立して保障するタイプの商品）↑〈こちらがおすすめ〉

・被保険者が保険期間中に次の各号のすべてに該当する施術（以下「放射線治療」といいます）を受けたとき

(1)　責任開始期以後に診断確定されたガンを直接の原因とする施術であること

(2)　ガンの治療を直接の目的とした、病院または診療所における施術であること

(3)　医科診療報酬点数表によって放射線治療の算定対象として列挙されている施術（歯科診療報酬点数表によって放射線治療の算定対象として列挙されている施術については、医科診療報酬点数表においても放射線治療科の算定対象として列挙されている施術以外は含まれません）であること

(4)　すでにガン放射線治療給付金の支払事由に該当している場合に該当している場合には、ガン放射線治療給付金が支払われることとなった最後の施術日からその日を含めて60日経

過後に受けた施術であること

・(2)　がん手術給付金

限定列挙の手術として給付（手術給付金の中から放射線治療が給付されるタイプ）

被保険者が保険期間中に、次の条件のすべてを満たす手術（悪性新生物根治放射線照射は手術とみなします。以下同じ）受けたとき（中略）④別表5に定めるいずれかの種類の手術であること

別表5　対象となる手術および給付倍率表

手術の種類	給付倍率
3　悪性新生物根治放射線照射（50グレイ以上の照射で、施術の開始日から60日の間に1回の給付を限度とする）	10

⑤　抗がん剤治療給付金とホルモン剤治療給付金、がん先進医療給付金

今や、がん患者には、ほぼ間違いなく抗がん剤治療がなされる。手術よりも抗がん剤治療が当たり前の時代になってきたといえる。

確かに、がんに効果がある薬も開発されてきているが、なにせ薬代が高すぎるのが問題だ。医療技術の進化で寿命が延びた。しかし、今度は、そのおかげで、寿命が延びた分だけ病気が増えて、治療継続期間も長くなった。そして、医療費が押し上げられ、国の財政を圧迫している。しかし、

国は、有効な対策も打ち出せないままで、避けて通れない２０２５年問題に向けて時間を刻んでいる。

この高額化していっている抗がん剤の経済的負担は、患者だけではなく、医療現場でも問題になっている。保険会社各社の「抗がん剤治療給付金」と「ホルモン剤治療給付金」が、抗がん剤やホルモン剤治療の負担軽減になってくれるといいのだが、保険約款に記載されている抗がん剤と被保険者が投与される抗がん剤の理解の相違がないことが大事なことになる。

■抗がん剤治療給付金

対象となる抗がん剤（腫瘍用薬）とは、被保険者が通院した時点において総務大臣が定める日本標準商品分類における「８７４２腫瘍用薬」分類される医薬品のことをいう。

そして、対象となる抗がん剤（腫瘍用薬）には、例えば、ホルモン剤および生物学的製剤などの医薬品は該当しないので注意が必要だ。

具体的な抗がん剤について、東京海上日動あんしん生命「がん治療支援保険」の約款に記載があるので、図表3の「対象となる抗がん剤」を見ていただきたい。

ちなみに、世界最初の抗がん剤は、マスコミが「バーリ空襲」と呼んだドイツ軍による空襲に使われたマスタードガスという毒ガス兵器の研究の末に開発されたナイトロジェンマスタードだった。

リンパ腫を患ったニューヨークの銀細工師に、ナイトロジェンマスタードを10回連続で静注した

【図表３　抗がん剤治療給付金の対象となる抗がん剤】

別表6　対象となる抗がん剤

この特約において対象となる抗がん剤とは、厚生労働大臣の承認を受けた医薬品のうち、次の(1)または(2)のいずれかに該当するするものをいいます。

(1)　次のいずれかの医薬品

シクロホスファミド水和物	フルダラビンリン酸エステル	ビンデシン硫酸塩	ネダプラチン
イホスファミド	ネララビン	ビノレルビン酒石酸塩	オキサリプラチン
チオテパ	ペントスタチン	パクリタキセル	イリノテカン塩酸塩水和物
ブスルファン	クラドリビン	ドセタキセル水和物	イギテカン塩酸塩
メルファラン	レボホリナートカルシウム	アナストロゾール	エトポシド
ニムスチン塩酸塩	ホリナートカルシウム	エキセメスタン	ソブゾキサン
ラニムスチン	ヒドロキシカルバミド	レトロゾール	インターフェロンガンマ―1a
プロカルバジン塩酸塩	L―アスパラギナーゼ	タモキシフェンクエン酸塩	インターフェロンガンマ―n1
テモゾロミド	ドキソルビシン塩酸塩	トレミフェンクエン酸塩	インターフェロンアルファ
メトトレキサート	ダウノルビシン塩酸塩	フルタミド	インターフェロンベータ
ペメトレキセドナトリウム水和物	ピラルビシン	ビカルタミド	インターフェロンアルファ―2b
フルオロウラシル	エピルビシン塩酸塩	メドロキシプロゲステロン酢酸エステル	テセロイキン
ドキシフルリジン	イダルビシン塩酸塩	エストラムスチンリン酸エステルナトリウム水和物	セルモロイキン
カペシタビン	アクラルビシン塩酸塩	ゴセレリン酢酸塩	トラスツズマブ
テガフール	アムルビシン塩酸塩	リュープロレリン酢酸塩	ベバシズマブ
テガフール・ウラシル	ミトキサントロン塩酸塩	クロルマジノン酢酸エスエル	ゲムツズマブオゾガマイシン
テガフール・ギメラシル・オテラシルカリウム	マイトマイシンC	メチルテストステロン	セツキシマズマ
カルモフール	アクチノマイシンD	ミトタン	リツキシマブ
シタラビン	ブレオマイシン塩酸塩	オクトレオチド酢酸塩	イマチニブメシル酸塩
シタラビンオクホスファースト水和物	ペプロマイシン硫酸塩	エチニルエストラジオール	スニチニブリンゴ酸塩
エノシタビン	ジノスタチンスチマラマー	メピチオスタン	ソラフェニブトシル酸塩
ゲムシタビン塩酸塩	ビンクリスチン硫酸塩	シスプラチン	ゲフィチニブ
メルカプトプリン水和物	ビンブラスチン硫酸塩	カルボプラチン	エルロチニブ塩酸塩
ボルテゾミブ	サリドマイド	ニロチニブ塩酸塩水和物	ダサチニブ水和物
トレチノイン	タミバロテン	イブリツモマブチウキセタン	抗悪性腫瘍溶連菌製剤
かわらたけ多糖体製剤	乾燥BCG・日本株	乾燥BCG・コンノート株	レンチナン
シゾフィラン	ウベニメクス	アセグラトン	ポルフィマーナトリウム
タラポルフィンナトリウム	三酸化ヒ素	アンギオテンシンⅡ	塩化ストロンチウム
無水エタノール（エタノールの局所注入の場合に限る）			

出典：がん治療支援保険　東京海上日動あんしん生命　2013.10改訂

(2)　次の①～③のすべての条件を満たす医薬品

① 平成21年4月1日以降に、その製造販売についての厚生労働大臣の承諾を受けたこと。

② 前①の承認申請にかかる効能または効果に、被保険者が診断確定されたがんの治療が含まれ、かつ、その効能または効果が厚生労働大臣により認められること。

③ 総務大臣が定める日本標準商品分類において「8742　腫瘍用薬」に分類されること。

ところ奇跡的な寛解をした。しかし、いったんやわらかくなった腫瘍は、再び硬くなり、さらに大きくなった。

このナイトロジェンマスタードに改良を加えてつくられたのが、「シクロホスファミド」で、図表3の「対象となる抗がん剤」の一番目に記載されている「シクロホスファミド水和物」なのである。

ＷＨＯ（世界保健機関）は、抗がん剤が様々な研究データにより、効果が出ないということを発表している。抗がん剤やホルモン剤、放射線治療（先進医療の陽子線治療なども含む）でも同じだ。

しかし、唯一、肉腫と呼ばれる上皮組織ではない筋肉の悪性腫瘍、結合組織に分類される血液の悪性腫瘍、悪性リンパ腫、睾丸腫瘍、子宮絨がんには、効果が出ることがある。繰り返すが、上皮組織に発生する悪性腫瘍（がん）には歯が立たない。

古代ギリシャの医師・ヒポクラテスの「食べ物で治せない病気は、医者でも治せない」という名言がある。それは、人体治癒力を考えながら日常生活の改善を図ることが肝要であるということだ。

したがって、安易に頼らずに、まず先に「食生活や生活習慣」を変えて、がんの進行や症状を抑えることを優先すべきである。そして、主治医からのすすめにより、化学療法、放射線治療を取り入れることになれば、副作用や新たながんを発症させるリスクがあることを覚悟の上で、最終的には、自らの選択で決断をしなければならない。

がん保険を契約しているからといって、抗がん剤やホルモン剤、放射線治療（先進医療の陽子線治療なども含む）は、慎重にしたほうがよい。

■抗がん剤治療特約条項

第○条（治療給付金の支払い）

この特約において支払う治療給付金は、次のとおりです。

支払額	給付金を支払う場合（以下）「支払事由」といいます）に該当した日が属する月ごと（※1）に保険証券記載の治療給付金額（※2）。ただし、治療給付金の支払月数は、この特約の保険期間中を通算して、60か月を限度とします。
（中略）	（中略）
支払事由	被保険者がこの特約の責任開始期（※3）以後の保険期間中に次の条件をすべて満たす入院（※4）または通院（※5）したとき。 (1) この特約の責任開始期（※3）以後に初めてがんと診断されたこと。 (2) 診断確定されたがんの治療を直接の目的とする入院（※4）または通院（※5）であること。 (3) 公的医療保険制度（別表○）に基づく医科診療報酬点数表（別表○）または歯科診療報酬点数表（別表○）により、別表○に定める抗がん剤にかかる薬剤師または処方せん料が算定される入院（※4）または通院（※5）（※7）（※8）であること。

（※1）同一の月に、支払事由に該当する複数の入院または通院をしたときは、

その月の最初の入院日または通院日に支払事由に該当したものとみなします。

（※2）治療給付金額の変更があった場合には、各入院日または通院日が属する月の1日現在の治療給付を限度とします。

（※3）復活の取扱いが行われた場合は、復活における責任開始期とし、複数回復活の取扱いが行われた場合は、最後の復活における責任開始期とします。

（※4）「入院」とは、医師による治療が必要であり、かつ、自宅等での治療が困難なため、病院または診療所（※6）に入り、常に医師の管理下において治療に専念することをいい、「治療を直接の目的とする入院」には、たとえば、美容上の処置、治療処置を伴わない検査、リハビリテーションなどのための入院は該当しません。

（※5）「通院」とは、医師または歯科医師に治療が必要であり、病院または診療所（※6）（患者が入院するための施設を有しないものを含み、往診を含みます）において、外来による診察、投薬、処置、手術その他の治療を受けることをいい、「治療を直接の目的とする通院」には、治療処置を伴わない薬剤、治療処置を伴わない薬剤、治療材料の購入、受取りのみの通院は該当しません。

（以下、省略）

■ホルモン剤治療給付特約条項

第○条（給付金の支払い）

この特約において支払う給付金は、次のとおりです。

1 被保険者が次のすべてを満たすホルモン剤治療を受けたとき

① この特約の責任開始日（この日以後に復活が行われた場合には、最後の復活の際の責任開始時。以下同じ）以後に、診断確定されたがん治療を直接の目的とするホルモン剤治療であること

② 別表○に定める公的医療保険制度（以下「公的医療保険制度」といいます）における別表○に定める医科診療報酬点数表（以下「医科診療報酬点数表」といいます）または公的医療保険制度における別表○に定める歯科診療報酬点数表（以下「歯科診療報酬点数表」といいます）により別表○に定めるホルモン剤（以下「ホルモン剤」といいます）にかかる薬材料または処方せん料が算定されること。

2 被保険者がホルモン剤治療給付金の支払われることとなった最終のホルモン剤治療給付金の支払事由該当日からその日を含めて1年以内にホルモン剤治療給付金の支払事由に該当した場合には、前項の規定にかかわらず、ホルモン剤治療給付金は支払いません。

3 被保険者が同一の日にホルモン剤治療給付金の支払事由に2回以上該当したときは、

ホルモン剤治療給付金はそのうちいずれか1つのホルモン剤治療に対してのみ支払い、重複しては支払いません。
4　ホルモン剤治療給付金の支払回数は、この特約の保険期間を通じて10回を限度します。
（以下省略）

■がん先進医療給付特約条項

第○条（給付金の支払い）
この特約において支払う給付金は、次のとおりです。
(1)　がん先進医療給付金
被保険者がこの特約の保険期間中に次の条件のすべてを満たす療養を受けたとき
①　この特約の責任開始日（この日以後に復活が行われた場合には、最後の復活の際の責任開始時。以下同じ）以後に、診断確定されたがんを直接の原因とする療養であること。
②　別表○に定める先進医療（以下「先進医療」といいます）による別表○に定める療養（以下「療養」といいます）であること。
支払額は、先進医療にかかる技術料と同額。
(2)　がん先進医療支援給付金

被保険者がこの特約の保険期間中にがん先進医療給付金が支払われる療養を受けたとき支払額は、医療先進にかかる技術料相当額の○%

■がん保険選びのポイント

ここから、がん保険の選ぶ基準について明らかにしていくことにする。本章の冒頭に述べている保険選びに挙げた6つのポイントが駄目ということではない。しかし、今後、がん発症の増加が予想される中において、この6つのポイントだけでは、いざというときに役に立たないがん保険を買ってしまっていたということになりかねない。

今まで、保険会社や保険募集人から、説明されることはなかった。そして、医療・がん保険などの不要・損得論を説いてきたたくさんの書物などでも説明されてこなかったその裏側に、これからのがん保険選びの基準の重要なポイントが隠れている。

保険販売の現場では、消費者の心をつかむようなフレーズを並べて、買ってほしいがん保険商品の優位性を強く奨励している。これは、「保障条件・範囲の広さがいい保険」ということを強く謳っていることにつながっている。

例えば、かなり前から、がん入院日数は無制限になっているわけだが、最近では通院での治療も増えてきているので、「がん通院保障」がすすめられている。また、乳がんが増えてきているので、

「女性特有がん手術保障の充実など」が図られている。

また、三大治療（手術・化学・放射線療法）だけではなく、最近重要性が増えてきた「緩和ケア」、三大治療の補完的に行われる代替療法（漢方薬・温熱療法・理学療法）、そしてがん治療におけるメリットとデメリットを効果的に考慮した上で中心となる治療を選び、ホルモン剤や他の方法も組み合わせていく「集学的治療」が主流になってきている。

がん保険は、このような状況に呼応すべく、通院保障、緩和療養、在宅療養、退院療養、進行度（ステージ）別保障などの特約保障の新設や充実をして販売競争が展開されている。このように、パンフレットなどの保険募集資料に記載されている表面上の保障内容や広さの競争をしているのが現状であるといえる。

これからの保険会社や保険募集人は、給付金の支払金額、回数、日数、年数などの伝統的な販売推奨や比較推奨ではなく、「給付金や保険金を確実に支払いできるような根拠」が説明できる保障の提示などが必要である。

つまり、消費者にとってのニーズは、実際にがんに罹患したときに、がん保険商品のパンフレットや各種保険募集資料等に謳っているとおりに、「給付金や保険金をちゃんと支払ってくれるのかどうか！」ということしかない。逆に、保険会社は、保険会社の営業担当者や保険募集人が説明したり、約束したとおりに正確にお支払いすることが最大の責務となる。

しかし、実際は、販売優先で保険機能の最大のポイントである「給付金や保険金支払い」については疎かにされているのを、現場にいる筆者は痛切に感じ入っている。

消費者にとって大切な基準は、大きく分類すると4つある。

今、がん保険を検討している読者の目の前に、保険募集人が推奨しているがん保険商品が、「不安を補い、心配せずに安心できる最も必要な保障があるのか？」というのが一番目である。

保険会社や保険募集人が説明する「説明内容の言葉」、「その言葉」がパンフレット等の保険募集資料のどこにあり、それを裏づける約款と規定がどこに記載しているか、がん保険を検討している読者に示されているかということが重要である。さらに、そのことが記載されている約款と規定の解釈・運用が明確であるかが二番目である。

このことは、保険金や給付金の支払い時のトラブル防止に有効である。なぜなら、がん保険に限らず、生命保険や損害保険は、すべてのリスクを保険の対象としていないからだ。「免責や無責」といわれる保険契約者（被保険者）にとって有り難くない条項等については、保険会社や保険募集人にしっかりと保険金・給付金支払いの場合や支払われない場合について、そのエビデンス（根拠）の説明を求めてほしい。

ただ、保険を売るプロである保険会社や保険募集人は、保険を売ることで収入を得ているわけで、日々の営業活動は、いかに保険を売るか、売るためにやるべきことは何かを追い求めている。保険を売るプロには、各社の保障条件や範囲を客観的に判断し読者に比較し説明することは簡単なことだ。

しかし、保険会社から提供されているパンフレット等の保険募集資料に書いてある保険記載内容だけでは、がん保険の本質を完全に説明することはできない。何度も繰り返すが、がん保険約款の理解なくしてがん保険商品の説明は不完全となってしまう。がん保険約款を熟読しなければ本当のがん保険の姿は見えないし、各保険会社のがん保険商品の比較推奨なんかできるはずもない。

もし、保険会社や保険募集人が、がん保険の検討をしている読者に、保険金や給付金の支払いとそれを規定する約款・規定等のエビデンス（根拠）を明確に示されなければ、きょうの契約は締結をすべきではない。悪いことをいわないから、明日以降に、保険会社や保険募集人から、それらが明確に示されるまで、がん保険の契約を見送ることをおすすめする。

がん保険が対象としている、悪性腫瘍（がん）である悪性新生物や上皮内新生物は、がんとの４０００年にわたる闘いで、遺伝子分野まで解明されつつある。しかし、人類にとって、残念ながら、克服できた病気とはいえない。

この試行錯誤を繰り広げている「がん」に対して、がん保険商品を医学的な観点から開発すればするほど、保険会社の商品開発担当者が、がん保険商品をつくり込めばつくり込むほど、保険会社、保険募集人やがん保険を検討している読者の完全な理解は難しいものになっていく。

このように、複雑化していくがん保険商品について、保険会社や保険募集人が推奨している保障内容が、「医学的な妥当性があり、がん診断に関わる基準が明確で複雑になっていないか、無駄な通算基準の有意性を強調していないか？」が三番目である。

そして、最後の四番目が、万一のときに、保険契約者（被保険者）の身近な存在である保険募集人のパーソナリティと資質である。

なんやかんやいっても、身近な存在である保険募集人ががん保険を検討している読者にとって不真面目では話にならない。でも、真面目でも保険約款・規定、医学的な基礎知識に明るくないなど、スキルが低くても話にならない。

日々進化していく医学は、その過程により不明確な部分もあるため、がん保険商品のトラブルをなくすことは難しいといえるかもしれない。しかし、このようながん保険の保険金や給付金の支払いにおけるトラブルを避けるためには、パンフレットや約款・規定に、医学的要素の記載が必要となる。医学とは門外漢の保険会社や保険募集人ではあるが、医学的要素を身につける必要がある。がん保険を検討している読者を守るために、医学、がん保険約款・規定の知識等とバランスが重要となるのである。

「比較検証、がん保険（佐々木光信著）の107ページ」に、「約款熟読の必要性」についてまとめられている。筆者も全くの同感なので原文のまま記載する。

【表66】 約款熟読の必要性
不利益情報は、約款に記載されている
約款は保険商品そのもの（給付の条件、給付の範囲）

商品の理解は、約款から
各種約款の規定
免責情報

■がん保険選びのキーワード

読者は、「ＩＣＤ」という単語をご存知だろうか？

換言すると、保険会社や保険募集人から説明があったり、聞かされたりしたことはあるだろうか？

おそらく、ほとんどないだろう…。

本書の第２章、第４章、第５章で詳しく述べることにするが、がん保険や医療保険には、絶対的な存在であるにもかかわらず、姿を見せない、見えてこないのがこの「ＩＣＤ」なのである。

保険会社は、現在「ＩＣＤ－10」を使っているが、今秋に、「ＩＣＤ－11」が、ＷＨＯ（世界保健機構）から公開される予定である。それを受けて各保険会社は、２０１８年にがん保険約款に取り入れて使うだろうと思われる。

しかし、がん保険を売るために、その概要を説明する各保険会社のパンフレットには、「ＩＣＤ」の説明は全くない。当然、保険会社や保険募集人は、「ＩＣＤ」のことについて説明することはないわけである。

保険会社や保険募集人が、がん保険の契約時に、契約者に渡している「ご契約のしおり」の後ろのほうに約款が記載されている。その約款の中のさらに外側の別表に、「対象となるがん」の記載があり、ここに「ＩＣＤ」についての記載がある。

がん保険を契約したことのある読者で、保険会社や保険募集人から、がん保険約款の別表を開いて、この「ＩＣＤ」について説明を受けたとしたら、ものすごく稀なことだろうといえる。

なぜなら、がん保険のしおりの中にある「重要事項のお知らせ（注意喚起情報）」は、「必ずお読みください」と記載されている。これに続く「ご契約のしおり」や「約款」は、「約款とあわせて、ぜひご一読いただき、ご契約内容を正確にご理解いただきますようお願いします」と、トーンダウンしているのだ。がん保険の販売現場において、「ＩＣＤ」が表に出てこないことは、このようなことにも一因があるのである。

「ＩＣＤ」は、人の身体でいえば、「心臓」であり、車でいえば「エンジン」である。いくら高価な、艶やかな服装で装っても、いくらかっこいいボデーや機能をつけた車であっても、「心臓」が弱かったり、「エンジン」が旧式であったり、欠陥があったら元も子もないことになる。

がん保険も同じ理屈にあるのだ。いくら、保障内容がよいといっても、そのがん保険商品に搭載している「ＩＣＤ」が絶版になっていたり、旧式であったりするのだ。この「ＩＣＤ」のほかにも大事なキーワードは、「癌の取扱規約」と「ブルールール」である。

それでは、次章より「ＩＣＤ」について詳細に見ていきたい。

第2章　ＩＣＤは、がん保険の心臓

1　がん保険の対象となるがんは、ＩＣＤの中にある

ＩＣＤとは？

ＩＣＤとは、世界保健機関（ＷＨＯ／World Health Organization）の勧告により国際的に統一された死因・疾病の「疾病及び関連保健問題の国際統計分類」：(International Statistical Classification of Diseases and Related Health Problem) の略称である。

通称、ＩＣＤ（国際疾病分類）といわれているが、導入されたのは、１９００年（明治33年）の国際会議にて承認されたものである。ちなみに、日本においても、同年より採用され今日に至っている。以降、ＷＨＯにおいて約10年ごとに改訂が行われていて、現行のＩＣＤ－10は１９９０年のＷＨＯ総会で承認された。

なお、約10年ごとの改訂（Revision）のほかに、改正（Update）がこの間に行われている。この改正は、3年に1回行われている大改正（Major Change）と、毎年行われている小改正（Minor Change）がある。

日本では、統計法施行令において、「疾病、傷害及び死因の統計分類」と定められており、公的統計（人口動態統計、患者統計、社会医療診療行為別調査等）ＤＰＣ（診断群分類・包括評価）等に広く利用されている。

ＷＨＯの国際統計分類群に３つある中心分類のＩＣＤ－10と、派生分類としての「ＩＣＤ－０－３」（国際疾病分類腫瘍学第３版）が、最新版のがん保険約款に記載されている。

ＩＣＤの改訂について

１９９０年にＩＣＤ－10となりその後に改正と小改正を繰り返しているわけだが、現在保険会社で使われているＩＣＤは次のとおり４種類となっている。

●ＩＣＤ－９およびＩＣＤ－10　単独約款

①　昭和53年12月15日行政管理庁告示第73号に定められた厚生省大臣官房統計情報部編「疾病、傷害および死因統計分類提要、昭和54年版」ＩＣＤ－９（絶版）
②　平成６年10月12日総務省告示第75号に基づく厚生労働省大臣官房統計情報部編「疾病、傷害および死因統計分類提要ＩＣＤ－10（２００３年版）準拠」
③　平成21年３月23日総務省告示第１７６号に基づく厚生労働省大臣官房統計情報部編「疾病、傷害および死因統計分類提要ＩＣＤ－10（２００３年版）準拠」
④　平成27年12月13日総務省告示第35号に基づく厚生労働省大臣官房統計情報部編「疾病、傷害および死因統計分類提要ＩＣＤ－10（２０１３年版）準拠」

●ICD－10およびICD－O－3版　複合約款

厚生労働大臣官房統計情報部編「国際疾病分類－腫瘍学　第3版」（平成15年：2003年発刊）は、取り扱う「がん」をICD－10の中から腫瘍だけを取り出して、さらに詳細に分類したもので、「ICD－O－3」と略されている。

●形態性状コード中の新生物の性状を表す第5桁コード

新生物の性状を表す第5桁性状コード
／0……良性
／1……良性または悪性の別不祥　↓　・境界悪性　・低悪性度
／2……上皮内癌　↓　・上皮内　・非浸潤性　・非侵襲性
／3……悪性、原発部位
／6……悪性、転移部位
二次性〈続発〉（第2版以降は「悪性、悪性、続発部位と記載」
／9……悪性、原発部位または転移部位の別不祥

このように、がん保険には現在、4種類の約款が存在し、対象となる「がんの種類」が違うのである。もし、ICD－9を搭載したがん保険より旧いICD－8を搭載したがん保険が継続されて

いたら、その種類は5種類ということになる。

【図表４　ＩＣＤ－９】

昭和 53 年 12 月 15 日行政管理庁告示第 73 号に定められた分類項目中下記のものとし、分類項目の内容については、「厚生省大臣官房統計情報部編 、疾病、傷害および死因統計分類提要、昭和 54 年版」によるものとします。

分　類　項　目	基本分類表番号
口唇、口腔および咽頭の悪性新生物	140～149
消化器および腹膜の悪性新生物	150～159
呼吸器および胸腔内臓器の悪性新生物	160～165
骨、結合組織、皮膚、および乳房の悪性新生物	170～175
泌尿生殖器の悪性新生物	179～189
その他および部位不明の悪性新生物	190～199
リンパ組織および造血組織の悪性新生物	200～208
上皮内癌	230～234

出典:東京海上日動火災　がん保険　普通保険約款　2004年10月1日以降始期用

適用保険会社⇒共栄火災海上（販売中)、東京海上日動火災（販売中止だが既契約は継続中)

ＩＣＤ－９は、昭和 54 年～平成６年まで適用されていたが、今は絶版となっている。

昭和 53 年・１９７８年発行のＩＣＤ－９の上皮内癌と平成７年・1995 年発行、平成 18 年・2006 年発行のＩＣＤ－10 の上皮内新生物では、対象となる疾患が異なっている。

がん保険約款の別表に記載しているＩＣＤコードがＩＣＤ－９かＩＣＤ－10 かによって、同じ疾患であるにもかかわらず、生命保険給付金の支払対象となるか否かに違いが生じることになる。

平成 23 年３月 31 日付けで「保険会社向けの総合的な監督指針」も一部改正が行われ、参照が難しい分類規定などの使用は制限されることになった。

よって、絶版となっているＩＣＤ－９をがん保険の約款に適用したがん保険商品は、新しい分類提要に変更するか、本分類提要を適用しない定義に変えるなの対応が望まれる。

すでに販売中止にした東京海上日動火災は既存の契約者には何も連絡をせず、ほったらかしの状態が今も続いている。

アメリカンファミリー生命保険（以下、アフラック生命）の独断場だった医療・がん保険が国内生損保での販売が認可された平成 10 年（1998 年）より損保と損保生保子会社から、積極販売されていた。その頃に損保系からがん保険を契約し、今も継続している読者はがん保険約款を確認してほしい。

ＩＣＤ－９の上皮内癌よりＩＣＤ－10 の上皮内新生物のほうが広い状態をカバーしているので、ＩＣＤ－９を適用したがん保険であれば、個々に照らし合わせて必要であれば見直すべきだ。

なお、ＩＣＤ－11 への改訂も予定されているのでそのタイミングでもいいかもしれない。

【図表５　ＩＣＤ−10(2003 年版）準拠　対象となる悪性新生物および上皮内新生物】

１、対象となる悪性新生物および上皮内新生物とは、平成６年 10 月 12 日総務庁告示第 75 号に定められた分類項目中の下表に記載のものとし、分類項目の内容については、厚生省大臣官房統計情報部編、疾病、傷害および死因統計分類提要ＩＣＤ−10（2003 年版）準拠」によるものとします。

分類項目	基本分類表番号
口唇、口腔および咽頭の悪性新生物	C00〜C14
消化器の悪性新生物	C15〜C26
呼吸器および胸腔内臓器の悪性新生物	C30〜C39
骨および関節軟骨の悪性新生物	C40〜C41
皮膚の黒色腫およびその他の悪性新生物	C43〜C44
中皮および軟部組織の悪性新生物	C45〜C49
乳房の悪性新生物	C50
女性生殖器の悪性新生物	C51〜C58
男性生殖器の悪性新生物	C60〜C63
腎尿路の悪性新生物	C64〜C68
眼、脳およびその他の中枢神経系の部位の悪性新生物	C69〜C72
甲状腺およびその他の内分泌腺の悪性新生物	C73〜C75
部位不明確、続発部位および部位不明の悪性新生物	C76〜C80
リンパ組織、造血組織および関連組織の悪性新生物	C81〜C96
独立した(原発性)多部位の悪性新生物	C97
上皮内新生物	D00〜D07, D09

２、前１において「悪性新生物」および「上皮内新生物」とは、厚生労働省大臣官房統計情報部編「国際疾病分類−腫瘍学第３版」により、新生物の性状を表す第５桁コードとしてそれぞれ次のコード番号が付されたものであることを必要とします。

	新生物の性状を表す第5桁コード
悪性新生物	コード番号 /3　悪性、原発部位 /6　悪性、転移部位 悪性、続発部位 /9　悪性、原発部位又は転移部位の別不祥
上皮内新生物	/2　上皮内癌 上皮内 非浸潤性 非侵襲性

出典：東京海上日動あんしん生命　無解約返戻金型　がん治療支援保険 NEO　普通保険約款　平成 24 年２月２日改訂

【図表６　ＩＣＤ－10(2003年版)準拠　対象となる悪性新生物および上皮内新生物(「がん」)】

対象となる悪性新生物および上皮内新生物（「がん」）とは、表１によって定義づけられる疾病とし、かつ平成21年３月23日総務省告示第176号に基づく厚生労働省大臣官房統計情報部編「疾病、傷害および死因統計分類提要ＩＣＤ－１０（2003年版）準拠」に記載された分類項目中、表２の基本分類コードに規定される内容によるものをいいます。

表１　対象となる悪性新生物

疾病名	疾病の定義
悪性新生物	悪性腫瘍細胞の存在、組織への無制限かつ浸潤破壊的増殖で特徴づけられる疾病

表２　対象となる悪性新生物の基本分類コード

（Ⅰ）悪性新生物

分類項目	基本分類コード
口唇、口腔および咽頭の悪性新生物	C00～C14
消化器の悪性新生物	C15～C26
呼吸器および胸腔内臓器の悪性新生物	C30～C39
骨および関節軟骨の悪性新生物	C40～C41
皮膚の黒色腫およびその他の悪性新生物	C43～C44
中皮および軟部組織の悪性新生物	C45～C49
乳房の悪性新生物	C50
女性生殖器の悪性新生物	C51～C58
男性生殖器の悪性新生物	C60～C63
腎尿路の悪性新生物	C64～C68
眼、脳およびその他の中枢神経系の部位の悪性新生物	C69～C72
甲状腺およびその他の内分泌腺の悪性新生物	C73～C75
部位不明確、続発部位および部位不明の悪性新生物	C76～C80
リンパ組織、造血組織および関連組織の悪性新生物	C81～C96
独立した(原発性)多部位の悪性新生物	C97
真正赤血球増加症<多血症>	D45
骨髄異形成症候群	D46
リンパ組織、造血組織および関連組織の性状不詳または不明のその他の新生物(D47)のうち ・慢性骨髄増殖性疾患 ・本態性(出血性)血小板血症	 D47.1 D47.3
上皮内新生物	D00～D07, D09

（Ⅱ）上皮内新生物

分類項目	基本分類コード
上皮内新生物	D00～D09

上記（Ⅰ）（Ⅱ）の分類項目中「悪性新生物」または「上皮内新生物」とは新生物の形態の性状コードが悪性または上皮内癌と明示されているものをいい、厚生労働省大臣官房統計情報部編「国際疾病分類一腫瘍学　第３版」に記載された性状コード中、新生物の性状を表す第５桁が次のものをいいます。

新生物の性状を表す第5桁コード性状
/2　上皮内癌 上皮内 非浸潤性 非非侵襲性
/3　悪性、原発部位
/6　悪性、転移部位 悪性、続発部位
/9　悪性、原発部位または転移部位の別不祥

出典：アクサダイレクト生命　がん保険（終身型）普通保険約款　2015年9月版　平成27年6月22日改訂

【図表７　ＩＣＤ－10(2003 年版) 準拠　対象となるがん】

1、対象となるガンとは、平成 21 年３月 23 日総務庁告示第 176 号に定められた分類項目中下記のものとし、分類項目の内容については、厚生労働省大臣官房統計情報部編「疾病、傷害および死因統計ＩＣＤ－10（2003 年版）準拠」によるものとします。

なお、厚生労働省大臣官房統計情報部編「傷害、疾病および死因統計分類提要 」において、新たな分類提要が施行された場合は、新たな分類の基本分類コードによるものとします。

分類項目	基本分類表番号
口唇、口腔および咽頭の悪性新生物	C00～C14
消化器の悪性新生物	C15～C26
呼吸器および胸腔内臓器の悪性新生物	C30～C39
骨および関節軟骨の悪性新生物	C40～C41
皮膚の黒色腫およびその他の悪性新生物	C43～C44
中皮および軟部組織の悪性新生物	C45～C49
乳房の悪性新生物	C50
女性生殖器の悪性新生物	C51～C58
男性生殖器の悪性新生物	C60～C63
腎尿路の悪性新生物	C64～C68
眼、脳およびその他の中枢神経系の部位の悪性新生物	C69～C72
甲状腺およびその他の内分泌腺の悪性新生物	C73～C75
部位不明確、続発部位および部位不明の悪性新生物	C76～C80
リンパ組織、造血組織および関連組織の悪性新生物	C81～C96
独立した（原発性）多部位の悪性新生物	C97
上皮内新生物	D00～D07、D09

2、上記１の分類項目中「悪性新生物」または「上皮内新生物」とは、新生物の形態の性状コードが悪性または上皮内癌と明示されているものをいい 、厚生労働省大臣官房統計情報部編「国際疾病分類－腫瘍学第３版（2012 年改正版）」に記載された形態の性状コード中、新生物の性状を表す第５桁コードが次のものをいいます。

なお、厚生労働省大臣官房統計情報部「国際疾病分類－腫瘍学」において、診断確定日以前に新たな版が発行された場合は、新たな版における第５桁コードによるものをいいます。

新生物の性状を表す第5桁コード性状	
/2	上皮内癌 上 皮内 非 浸潤性 非 非侵襲性
/3	悪性、原発部位
/6	悪性、転移部位 悪 性、続発部位
/9	悪性、原発部位又は転移部位の別不詳

上記１には該当しないものの、２に該当する場合には、この保険契約において対象となる悪性新生物または上皮内新生物とします。例えば、厚生労働省大臣官房統計情報部「疾病、傷害および死因統計分類提要　ＩＣＤ－10（2003 年版）準拠」によるものは、上記１には該当しないものの、２に該当するため、この保険契約において対象となる悪性新生物または上皮内新生物となります。

分類コード	基本分類コード
真正赤血球増加症＜多血症＞	D45
骨髄異形成症候群	D46
慢性骨髄増殖性疾患	D47.1
本態性（出血性）血小板血症	D47.3
ランゲルハンス細胞組織球症	D76.0

出典：三井住友海上あいおい生命　新ガン保険α（無配当）　普通保険約款　2016年5月版

【図表８　ＩＣＤ－10(2003 年版) 準拠　別表 27　悪性新生物】

１、悪性新生物とは、平成 27 年２月 13 日総務省告示第 35 号にもとづく厚生労働省大臣官房統計情報部編「疾病、傷因統計分類提要 ICD-10（2013 年版）準拠（以下、「ICD-10」）に記載された分類項目中、次の基本分類コード規定される内容によるものをいいます。

なお、厚生労働省大臣官房統計情報部編「疾病、傷害および死因統計分いて、診断確定日以前に新たな分類提要が施行された場合は、新たな分類の基本コードによるものとします。

分類項目	基本分類コード
口唇、口腔および咽頭の悪性新生物	C00～C14
消化器の悪性新生物	C15～C26
呼吸器および胸腔内臓器の悪性新生物	C30～C39
骨および関節軟骨の悪性新生物	C40～C41
皮膚の黒色腫およびその他の悪性新生物	C43～C44
中皮および軟部組織の悪性新生物	C45～C49
乳房の悪性新生物	C50
女性生殖器の悪性新生物	C51～C58
男性生殖器の悪性新生物	C60～C63
腎尿路の悪性新生物	C64～C68
眼、脳およびその他の中枢神経系の部位の悪性新生物	C69～C72
甲状腺およびその他の内分泌腺の悪性新生物	C73～C75
部位不明確、続発部位および部位不明の悪性新生物	C76～C80
リンパ組織、造血組織および関連組織の悪性新生物	C81～C96
独立した(原発性)多部位の悪性新生物	C97

（注）分類項目中の代替可能な用語は山括弧＜＞で表示されます。例えば、「新生物＜腫瘍＞」とは、「新生物の代替可能な用語が「腫瘍」であることを表しており、「悪性新生物」と「悪性腫瘍」は同義となります。

２、上記１において「悪性新生物」とは、厚生労働省大臣官房統計情報部編「国際疾病分類一腫瘍学　第３版」中、新生物の性状を表す第５桁コードが次のものをいいます。

なお、厚生労働省大臣官房統計情報部編「国際疾病分類一腫瘍学」において、診断確定日以前に新たな版が発行た場合は、新たな版における第５桁コードをよるものをいいます。

新生物の性状を表す第5桁コード性状	
/3	悪性、原発部位
/6	悪性、転移部位 悪 性、続発部位
/9	悪性、原発部位または転移部位の別不祥

上記１には該当しないものの、２に該当する場合には、この保険契約において対象となる悪性新生物とします。

例えば、「ICD-10」に記載された分類項目中、次の基本分類コードに規定される内容によるものは、上記１には該当しないものの、２には該当するため、この保険契約において対象となる悪性新生物となります。

分類項目	基本分類コード
真正赤血球増加症＜多血症＞	D45
骨髄異形成症候群	D46
慢性骨髄増殖性疾患	D47.1
本態性(出血性)血小板血症	D47.3
骨髄線維症	D47.4
慢性好酸球数性白血病[好酸球増加症候群]	D47.5

（注）悪性新生物には、国際対がん連合（UICC）により発行された「TNM 悪性腫瘍の分類」で病気分類が０期に病変は含まれません。したがって、上皮内癌、非浸潤癌、非侵襲癌、大腸の粘膜内癌等は、悪性新生物に該当しません。

出典：アフラック生命　新生きるためのがん保険 Days がん保険（低・解約払戻金 2014）　2016 年３月版

【図表９　ＩＣＤ－10(2003 年版）準拠　別表 28　上皮内新生物】

1、上皮内新生物とは、平成 27 年２月 13 日総務省告示第 35 号にもとづく厚生労働省大臣官房統計情報部編「疾病傷害および死因統計分類提要 ICD-10（2013 年版）準拠」に記載された分類項目中、次の基本分類コードに規定される内容によるものをいいます。
なお、厚生労働省大臣官房統計情報部編「疾病、傷害および死因統計分提要」において、診断確定日以前に新たな分類提要が施行された場合は、新たな分類の基本分類コードによるもとします。

分類項目	基本分類コード
口腔、食道および胃の上皮内癌	D00
その他および部位不明の消化器の上皮内癌	D01
中耳および呼吸器系の上皮内癌	D02
上皮内黒色腫	D03
皮膚の上皮内癌	D04
乳房の上皮内癌	D05
子宮頚(部)の上皮内癌	D06
その他および部位不明の生殖器の上皮内癌	D07
その他および部位不明の上皮内癌	D09

2、上記１において「上皮内新生物」とは、厚生労働省大臣官房統計情報部編「国際疾病分類一腫瘍学　第３版」中、新生物の性状を表す第５桁コードが次のものをいいます。
なお、診断確定日以前に新たな版が発行された場合は、新たな版における第５桁コードによるものとします。

新生物の性状を表す第5桁コード性状
/2　上皮内癌 上皮内　非浸潤性　非侵襲性

出典：アフラック生命　新生きるためのがん保険Days がん保険（低・解約払戻金 2014）2016 年３月版

東京海上日動は、ＩＣＤ－９搭載のがん保険の新規販売を中止している。もちろん、当該がん保険商品を継続している場合は存続されている。

しかし、共栄火災はＩＣＤ－９搭載のがん保険商品（２０１６年５月）を現在も販売中である。

10年以上継続しているがん保険はすぐに見直しなさい

正確にいうと、１ＣＤ－９およびＩＣＤ－８を搭載したがん保険がその対象になる。契約の切替えも視野に検討してみることが肝要だといえる。

ＩＣＤ－９は、厚生省大臣官房統

計情報部編「疾病、傷害および死因統計分類提要、昭和54年版」で、１９７８年（昭和53年）に発行されたものである。

現在は使用されていない分類であるＩＣＤ－９は、図表４のとおり基本分類番号（１４０～２０８　悪性新生物）、（２３０～２３４上皮内癌）を対象としている。

なぜ、ＩＣＤ－９を搭載したがん保険は見直すべきなのか。結論からいうと、上皮内新生物は、上皮内癌より広い範囲の病態を含んでいて、「ＩＣＤ－９」と「ＩＣＤ－10」の違いにより給付金の支払対象の診断確定に差が生まれることになる不利益が生じるからである。

ＩＣＤ－10の上皮内新生物

上皮内腫瘍（Intraepithelial Neoplasia）は、例えばＰＩＮ（前立腺上皮内腫瘍）、ＣＩＮ（子宮頚部上皮内腫瘍）、ＶＩＮ（外陰上皮内腫瘍）などがあり、３段階の異形度がある。異形度３は、高度異形成と上皮内がんと両方を含んでいる。

したがって、高度異形成の有無にかかわらず、異形度３の記載があれば上皮内新生物に分類されるところだが、ＩＣＤ－９では分類されない。

このことを受けて、２０１１年（平成23年）３月31日付の「保険会社向けの総合的な監督指針」の一部改正により参照困難な分類規定は制限されることになった。

したがって、今や絶版となっているＩＣＤ－９を搭載し使用する約款は、少なくともがん保険新商品の金融庁認可申請時には、新しい分類提要に変更することが必要である。あるいは、分類提要

【図表10　上皮内腫瘍の病変図】

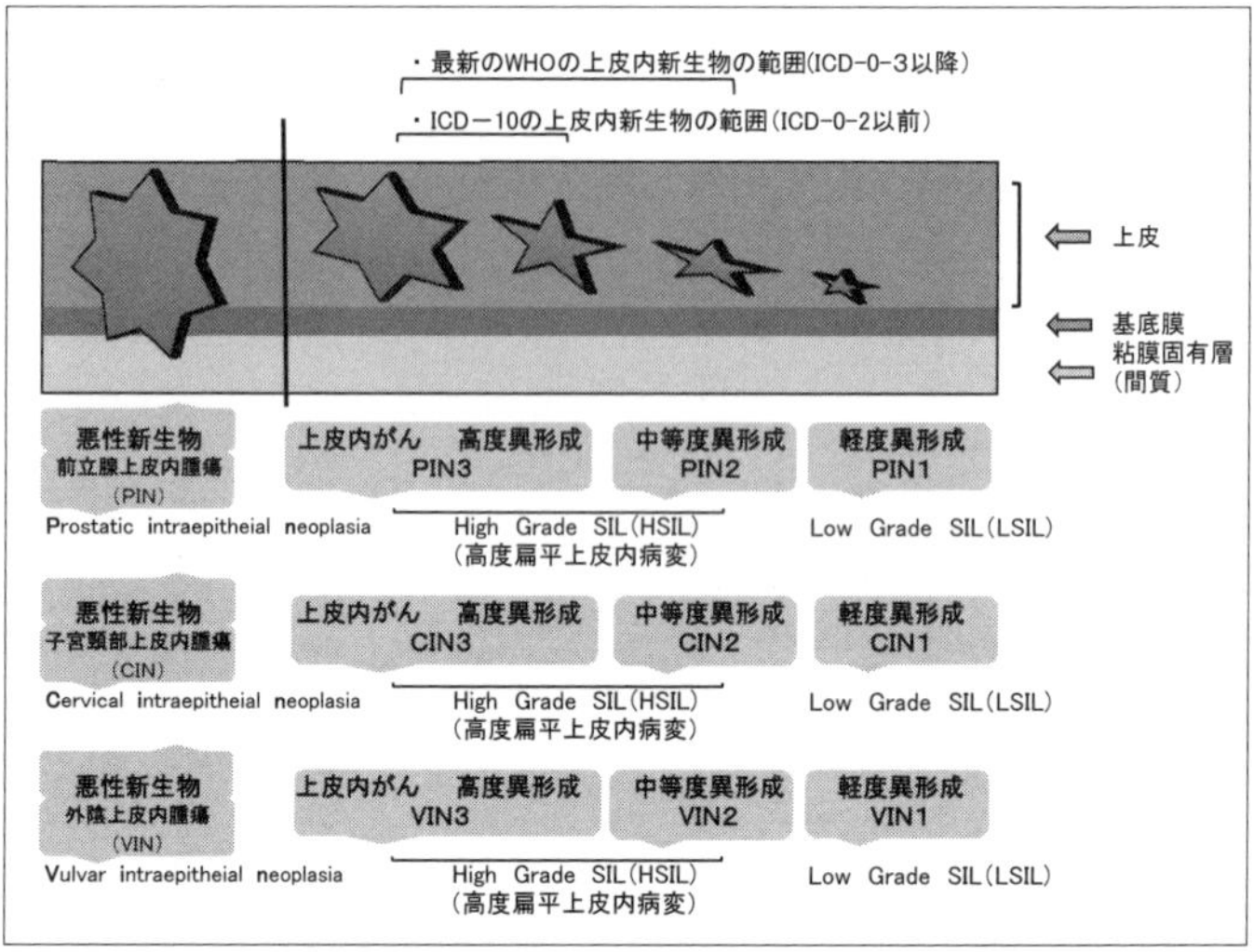

を使用しない定義に変更することが可能である。しかし、保険会社は何も対応せずに放置しているのが現状である。

ＩＣＤ－Ｏ－３の上皮内新生物

このＩＣＤ－10（ＩＣＤ－Ｏ－３）の新バージョンの「ＩＣＤ－11」が今秋に公開される予定である。

したがって、翌年にはがん保険の約款が変わり、診断確定の範囲も変わるものと考えられる。

図表10のとおり、最新版のＩＣＤ－Ｏ－３では、「中等度異形成まで上皮内新生物に分類」している。このように悪性新生物として診断確定される範囲が変化しているのである。

ＩＣＤ－10発行以降に発行されたＩＣＤ－Ｏ－２（1994年発行）からＩＣＤ－Ｏ－３（2003年発行）への移行では、境界悪性卵巣腫瘍の一部において悪性腫瘍の性状コード（／３）から性状不祥および不明の新生物の性状コード（／１）に変更された。

ほかには、Ｄ46コード（骨髄異形症候群）やＤ47・１（慢性骨髄増殖疾患）の性状コードが、悪性新生物の性状コード（／３）に変更された。

2　ＩＣＤ－11改訂に関する動向について

ＩＣＤ（国際疾病分類）基本原則

・網羅性……すべての疾患を網羅している。

・排他性……分類同士の重複がない。

ＩＣＤの改正ルール

・大改正（Major change）

　＊新たなコードの追加

　＊コードの削除

　＊あるコードについて、３桁分類項目のカテゴリーの変化を伴う索引の改訂

＊罹患率もしくは死亡率に関するデータの収集の精度に影響を与えるルールもしくはガイドラインの改正
＊新たな用語の索引への導入
・小改正（Minor change）
＊あるコードについて、同一の3桁分類項目のカテゴリー内における索引の修正もしくは明確化
＊内容例示表もしくは索引の強化（例：包含、除外項目の追加及び二重分類の追加など）
＊罹患率もしくは死亡率に関するデータの収集の精度に影響を与えないルールもしくはガイドラインの改正
＊誤植の修正

死因選択ルール等
・明らかに因果関係があると考えられる病態の明確化
・老衰及びその他診断不明確の病態（心不全）等の取扱いの簡素化
・悪性新生物に関するルールの変更

ＩＣＤ－11の特徴
日本ＷＨＯ－ＦＩＣ協力センターも参加しているＷＨＯ－ＦＩＣネットワークは、「ＩＣＤ－10」

から「ＩＣＤ－11」への改訂作業を進めている。

「２０１２年5月にはＩＣＤ－11草案（β版）の一般公開が行われ、ＷＨＯによってフィールドテストの開始が指示されていたが、２０１７年にＷＨＡ（世界保健総会）への案の提出および承認のあと、ＩＣＤ－11のＷＨＯの勧告が行われる。そして、２０１８年に各国が状況に応じて順次導入される予定である。

・日進月歩の基礎医学。臨床医学・公衆衛生の分野における新しい知見を導入↓医学の専門化を中心とした検討
・伝統医学を新たに導入↓＊まずは日中韓の伝統医学（漢方医学）
・病名だけでなく、内容（疾患概念）を含めた情報体系へと進化↓＊内容：症状所見的、解剖学的、組織病理学的、遺伝学的 etc
・電子環境での活用を前提としたシステム↓目的とする視点により違った分類を導出

「ＩＣＤ－11」は、新たに基礎医学、臨床医学、公衆衛生分野における新たな知見が導入される。また、新たに第23章として、伝統医学（まずは日中画を韓漢方医学）が導入されることにもなっている。

この新たな取組みについて、ＷＨＯから病名のコード化だけではなく、内容（疾患概念）を含め

た「情報体系の整備」、「電子環境の活用」を前提とした構造とすることが提示されている。

ＩＣＤ－11の構成

「ＩＣＤ－11」コードは、これまでの4桁（アルファベット1桁、数字2桁、小数点、数字1桁）のコードから7桁のコードとなる。頭3桁は、従来のＩＣＤ－10の構造を継承していて、死因統計に使用するものとしている。そして、小数点以下は、さらに詳細な分類としている。

〈例〉

> ・空腸の腺がん　8E0．293X
> ＊最初の2桁は原則部位によって分類し、3桁目は組織型等で分類

3　契約時主義と発生時主義および歴代ＩＣＤと約款の管理

契約時主義と発生時主義

がん保険の支払判断の基本となるＩＣＤは、このように改訂・改正されていくわけである。その

度に病理組織名や分類が新設・廃止、改変されるなど、悪性新生物や上皮内新生物、そして悪性や良性などの分類が変わっていくごとにがん保険の約款の規定への反映が必要となる。

当然、給付金等の支払いはその変化に追いついて、ＷＨＯの基準に沿って支払わないといけない。その基準は、各保険会社によって違うわけなので、「契約設定の条件」だけではなく、各保険会社はどのような基準で支払うのかを、明確にルール化して、消費者に提示していかなければならない。

しかし、新たな新規契約のがん保険に対応するだけで、消費者が継続中のがん保険にはほとんど反映しない仕組みになっている。ただ、筆者が確認できた20社の保険会社と1共済の中で、最新版に自動的にスライドさせるのは4社だけで、スライドさせる用意はあるが、保険会社が承認したときだけスライドさせるのが3社あった。

したがって、残りの3分の2に当たる14社のがん保険約款は、スライドさせない。新しいＩＣＤコード搭載のがん保険にシフトする方法としては、現行の継続中の保険を解約して今の年齢条件の上で、新たにがん保険に入り直すしか術がないのである。

歴代ＩＣＤと約款の管理

医学は、日進月歩で進歩していくので、診断基準はそれに伴って変化していくことは容易に想定できるはずである。長期にわたって保障する医療保険やがん保険においては、「医学の進歩への変化」にあらかじめ対応できるように約款を用意しなければならない。しかし、現状は、ほとんど保険会社においてできていない。

医学の可変性に対して、約款の不変性はどうにかならないものかと考えさせられる。しかし、現実的には、医学の可変性に対して、せめてあらかじめ想定できる約款の解釈の差については、極力小さくする努力をしなければならない。

では、対象となるがんの範囲を、ある一時期の分類に限定すると、次のようになるだろう。

① 契約したときのがん保険では、「がん」とは診断されない分類の疾患だったのが、実際には契約者（被保険者）が、その疾患（がん）に罹患したときには新しい分類で「がん」と認定されているということが発生する。

しかし、この契約者（被保険者）は、主治医から「がんと診断確定」とされたにもかかわらず、「約款上のがん」には該当したりしなくなったりする。

①のケース

a、スライドさせない約款のがん保険では、給付金の支払対象とならない。
b、スライドさせる約款のがん保険では、給付金の支払対象となる。

② ほかにはこういうパターンもある。がん保険契約時点で「がん」分類されていた疾患だった。

しかし、実際に契約者（被保険者）がその疾患（がん）に罹患したときには、新しい分類で「がん」と認定されていないということも発生することもある。

しかし、この契約者（被保険者）は、主治医から「がんと診断確定」とされたにもかかわらず、「約款上のがん」には該当したりしなくなったりする。

②のケース

a、スライドさせない約款のがん保険では、給付金の支払対象となる。
b、スライドさせる約款のがん保険では、給付金の支払対象とならない。

このことは、長期にわたり保障するがん保険にとって、対象とする「がん」の範囲をある一時期に分類することは、将来契約者（被保険者）ががんに罹患したときに、臨床現場の認識と保険約款の規定との乖離した分類の中でのがん保険の給付金の支払対象か否かを判断することで混乱を招く危うさがある。

筆者が確認できた20保険会社と1共済のうち、7社（4社は自動的に、3社は保険会社の承認が条件つき）は、契約者（被保険者＝患者）ががん罹患の診断確定を受けたときに、悪性新生物および上皮内新生物の分類に合わすことが可能となっている。

すなわち、契約者（被保険者＝患者）が、主治医から受けた診断・説明と保険約款との齟齬がなく、給付金の支払いが可能となる。

〈約款例〉

＊例1

（注1）上記Ⅰの厚生労働省大臣官房統計情報部編「疾病、傷害および死因統計分類提要」において、新たな分類が施行された場合で、上記Ⅰに掲げる疾病以外に新たに悪性または上皮内新生物に分類された疾病があるときには、その疾病を対象となる悪性新生物または上皮内新生物に含めます。

（注2）上記Ⅱの厚生労働省大臣官房統計情報部編「国際疾病分類 - 腫瘍学」において、新たな分類が施行された場合で、新たに新生物の性状を表す第5桁性状コードが悪性または上皮内新生物に分類された疾病があるときには、その疾病を対象となる悪性新生物または上皮内新生物に含めます。

Believe（ビリーブ）無配当新がん保険（2010）普通保険約款　オリックス生命　2016年5月

＊例2

1、上記1．の厚生労働省大臣官房統計情報部編「疾病、傷害および死因統計分類提要」において、新たな分類が施行された場合で、上記１に掲げる疾病以外に新たに悪性新生物または上皮内新生物に分類された疾病があるときには、会社が認めた場合に限り、その疾病を対象となる悪性新生物に含めることがあります。
２、上記２の厚生労働省大臣官房統計情報部編「国際疾病分類‐腫瘍学」において、新たな分類が施行された場合で、新たに新生物の性状を表す第5桁コードが悪性または上皮内癌とされた新生物があるときには、会社が認めた場合に限り、その新生物を対象となる悪性新生物に含めることがあります。

勇気のお守り　がん保険（２０１０）普通保険約款　損保ジャパン日本興亜ひまわり生命　平成28年5月　２０１６年5月2日

ＴＮＭ分類と病理分類

国際対がん連合（Union for International Cancer Control；UICC）による悪性腫瘍の進展度に関する国際的分類をＴＮＭ分類という。

この分類は、Ｔ（腫瘍因子）、Ｎ（リンパ節転移因子）、Ｍ（遠隔転移因子）の３要因で悪性新生物の進行度である病気を国際比較するための基準である。

主に固形がんの進行度の指標として用いられるＴＮＭ分類は、病期（ステージ）を4期に（Ⅰ～Ⅳ期）に分類している。例えば、Ｔ３の大きさの原発腫瘍があり、リンパ節転移があるが、遠隔転移はないという状態であれば、TNM分類の表記は、「T3N1M0」ということになる。

UICCが作成するTNM分類が世界的に普及して、ブルーブックにおいても使用されているわけだが、あくまで病期の分類基準であるのがこのTNM分類であり、腫瘍の良性や悪性を判断するための基準ではない。

また、TNM分類には、UICCの作成以外のTNM分類が存在する。それは、手術所見に基づくsTNM（Sは手術、Surgery）と術後の病理組織所見に基づくPTNM（Pは病理、Pathology）と表記して区別している。

- T（Tumor）…原発腫瘍の大きさと広がりを表す。T1〜T4の4段階に分ける。
- N（lymph nodes）…所属リンパ節転移の有無と広がり。転移がなければN0、あれば程度によりM0、あればM1とする。
- M（Metastasis）…遠隔転移の有無。遠隔転移がなければM0あればM1とする。

癌取扱い規約とWHO分類・ブルーブック

このような約款は、20保険会社と1共済のうち、7社のがん保険商品に搭載されている。このうち3社については、「会社が認めた場合に限り」という条文が織り込まれているのが筆者としては気に入らないが、そもそも、約款の規定にすら織り込んでない14社の保険会社に比べれば、雲泥の差である。

すべての保険会社のがん保険は、ＩＣＤ分類（グローバルスタンダード）に基づいて構成されているが、日本の臨床現場では臓器ごとに「癌取扱い規約」（ローカルルール）という日本独自のものがある。

内容は、ＷＨＯの基準に沿ってはいるが、臓器ごとの腫瘍、性病変の標準的な記載法、病理学的検索法、組織分類の統一を意図した規約など一部において異なる記載になっている。外科的切除された腫瘍の病理診断において、病理医がこの「癌取扱い規約」に沿った診断をした場合において、世界標準であるＷＨＯやＩＣＤの考え方とは、違った説明を患者（がん保険契約者や被保険者）にすることになる。

結果、がん保険給付金や保険金の支払い可否の判断にも影響し、契約者（被保険者＝患者）への不利益に繋がることがある。

この「癌取扱い規約」は、金原出版株式会社が発行している医学書シリーズの名称で、「査定医ドクター牧野がんの話、牧野安博著」（セールス手帖社保険ＦＰＳ研究所発行）によると、各種がんの診断・治療・統計などに際して用いる専門用語等が定義されているガイドラインである。専門用語等は診療記録載、画像診断所見の記録、手術報告書の記録、病理組織診断書等で用いられ、がん医療専門医同士が正確に情報交換できるように工夫されている。同シリーズは、「乳癌取扱い規約」、「食道癌取扱い規約」、「大腸癌取扱い規約」、「肺癌取扱い規約」、「膀胱癌取扱い規約」、「膵臓癌取扱い規約」、「前立腺癌取扱い規約」、「子宮頸癌取扱い規約」、「脳腫瘍取扱い規約」等22種類の各種取扱い規約があり、それぞれ発行されている。

そのほかの分類では、国際がん研究機関が発行するヒトの各臓器に発生する腫瘍を組織学的に分類し記載したＷＨＯシリーズ（WHO Classification of Tumors series: so-called Blue Book）、通称ブルーブックがある。

医学的に世界の標準となるＷＨＯの最新分類基準であるブルーブック（Blue Book）は、病理に関する基準となる教科書を新生物の部位ごとに公開していて、すでに10冊以上のシリーズになっている。

> 医学的な今後の課題
> ａ、特定の疾病について疾病の定義や診断基準が変わる。
> ｂ、疾病の概念そのものが変わる（予防医学と治療医学、美容形成と疾病治療の境界の揺らぎ）。
> ｃ、契約時点ではなかった治療や検査が新規に開発される。疾病の真の原因が判明する（新規手術の登場、ｆＭＲＩなどの新しい検査機器の登場）。
> ｄ、疾病を取り巻く法制度が変更される（性別変更の特例法、臓器移植法）。
> 『「がん」と「がん保険」：がん保険基本マニュアル』（佐々木光信著、保険毎日新聞社刊）より引用

第3章　がん保険の定義と対象となるがん

1　がんとは何か

なぜがんが日本人の死因トップになったのか

悪性新生物（がん）が日本人の死因トップになったのは、１９８０年（昭和55年）頃だった。それから、医療技術の進歩により、どんどん寿命が延びて、公益財団法人生命保険文化センターによると、２０１５年の日本人の平均寿命は、男性80・79歳、女性87・05歳になっている。しかし、がんを原因とする死亡者数は、確実に増加の一途を辿っているのが現状であり、２０１３年のがんによる死亡者数は年間約36万人に達しており、これは１９８０年代の死亡者数の約2倍にもなっている。

では、なぜこれだけがんによる死亡が多くなったのか？

それは、日本人の高齢化と食生活習慣の変貌にある。１９６０年代からの高度成長期とともに、それまでの伝統的な和食から欧米食のライフスタイルが定着してきたことが大きいといえる。

さらに、政府が福島第一原発事故による放射線漏れによるものが原因であると認めているわけではないが、外部被ばくや内部被ばくにより福島の子どもたちに甲状腺がんが急増している。

今後、日本では、これからがんは増加することはあっても減少することはないだろう。

がんの予防は、食生活の改善などの毎日の習慣で決まるので、意識して行動を変えていくことが大切である。この毎日の習慣を変えることは大変な努力を必要とする。しかし、この努力を続けることは、がんを発症しにくくすることに繋がる。したがって、がん予防をすることなく、がん保険で「その時に備える」というのは本末転倒といえる。

がんになって、がん保険の給付金を支払ってもらうより、がんにならないほうがいいに決まっている。なぜなら、当たり前だが、がんはがん保険では治らないからだ。ただ、がん治療などのコストの一部を補えるだけなのだ。

がんは、突然発症するわけではなく、長い時間をかけて発症するものなので、予防すると同時に「その時に備えて」貯蓄を進めてほしい。

がんの定義とは何か

がんは、１００以上の種類がある。甲状腺がんや乳がん、肺がん、大腸がん、食道がん、胃がんなどの悪性腫瘍や脳腫瘍、白血病、骨髄腫、リンパ腫、肉腫などの悪性腫瘍は、数多くの細胞が集まったそれぞれの「組織」に発生したものである。その組織は、一般的に、①上皮組織、②結合組織、③神経組織、④筋組織、⑤骨組織に分類されている。

食道とか胃の粘膜などのように外の空気や水に接する細胞の壁である組織を「上皮組織」といい、この上皮組織から発生する悪性腫瘍をがんという。

では、そもそもがんと腫瘍は、どのようなものだろうか？　「腫瘍」の腫は「はれもの」を、瘍は「できもの」のことを意味する。

例えば、肝臓などが腫れると「腫大」というし、炎症などで人の身体が腫れることを「腫脹」という。また、胃潰瘍のように組織の表面の炎症が内部まで及ぶことを「潰瘍」といい、組織が溶けて中に膿が溜まった状態のことを「膿瘍」という。

しかし、この2つの漢字が合わさって「腫瘍」となると、人の身体にとっては、一大事となるかもしれないことの始まりとなる。

身体の内部や表面で、「周りの組織とは無関係に暴走し始め、増殖していく細胞の塊り」になるのである。これが「ICDの第2章」に収められている「新生物」という。

この新生物である腫瘍がゆっくり増殖するのを「良性腫瘍」といい、すぐに動き出して、1か所に留まることなくすばやく増殖するのを「悪性腫瘍」という。

前者は、周辺の組織に浸潤したりして別の臓器に転移をせずに、局所に留まり、すぐに生命に悪さをしないので良性といわれている。後者は、「がん」といわれるもので、がん細胞が不規則に細胞分裂を繰り返し始め、生命を脅かすようになるので「悪性」といわれている。

このように、がんは悪性腫瘍なのであるが、すべての悪性腫瘍ががんというわけではなく、上皮組織（上皮細胞）ががん化することで発生した腫瘍を悪性腫瘍という。

つまり、がんの定義は、「上皮組織（上皮細胞・粘膜）に発生する悪性腫瘍」である。そして、がんには、次のとおり4つの要件がある。

①　無秩序ながん細胞の暴走的な増殖性。
②　本来存在すべき領域を超えたがん細胞が、正常組織を破壊していく浸潤性。
③　原局に留まらずに、血液やリンパ節から他場所にある臓器などに移動していく転移性。
④　がん細胞が増殖していくために、他の正常細胞にとって必要な栄養分を奪い取る悪液質性。

そのほかには、がんと区別して「肉腫」と呼ばれるものがある。それは、上皮組織（上皮細胞・粘膜）のない筋肉にはがんは発生しないとされているが、悪性腫瘍が発生することがあり、それをいう。

血液の製造元である骨髄とリンパ系に発生する白血病は、かつて「血液化膿症」といわれていたが、血液そのものの異常ではないかと考え始められるなど研究が進んだ結果、「ヴァイセス・ブルート」―白い血の病気―と名づけられ、後に「白血病」と改名された。この白血病は、よく「血液のがん」と呼ばれるが、正確にはがんではなく、結合組織にできる「血液の悪性腫瘍のことを白血病」という。

また、リンパ節（リンパ腺）に発生するのは「リンパ腫」、脳神経系に発生するのは「神経膠腫」、髄膜に発生するのは「髄膜腫」というように、細胞の種類ごとに様々な名前がつけられている。

最終的には、血液やリンパ液に乗って身体のいたるところにある臓器に転移し、がん細胞が増殖して臓器を破壊していくわけである。そして、最後は、宿主である個体の生命を奪ってしまうのががんなのである。

遺伝子とがん

遺伝するがんとは、がんをつくりやすい遺伝子の異常が、親から子へ受け継がれることである。そして、常に特定された種類のがんが、遺伝するということではない。

しかし、遺伝性のがんの発がん要因は、「がん遺伝子」や「がん抑制遺伝子」の特定の遺伝子の変異によるものである。したがって、乳がんだけとか、悪性脳腫瘍だけとかを発症しやすい家系が存在することはあり得ることである。

遺伝性のがんは、遺伝子診断によって早期の段階でがん発症の可能性を予測することが可能だ。がん遺伝子が体内にあるからといって、何も対処できないのではなく、何度も述べているように、生活習慣や食習慣の改善により、がん化するリスクを遅らせたり、減らしたりすることも可能である。

このように、がん化するリスクは、遺伝子だけではないのだが、各家系や住む土地や地域の住人の「生活習慣」の中に、がんの危険因子が特定のがんを発症させやすくすることに繋がる。

さて、がんを発症させる多くのがん遺伝子の変異は、いつの段階で起こるのだろうか？

その人が誕生した後に発症するので、遺伝子の変異は後天的なのである。これらの遺伝子は、「遺伝子のけが」や「遺伝子の病気」と呼ぶべきものであり、人が誕生してから後に起こった遺伝子の変化は、子孫に遺伝しない。しかし、この遺伝子の変化が、もし、生殖細胞である卵子や精子に起こったら、コピーされたがん遺伝子が親から子へ受け継がれていくことになる。

ところで、一般的に、加齢とともに発症する確率が高くなるがんに対して、「遺伝性の因子」を持つ人は、若くしてがんが発症しやすいのが特徴である。若い人のがんは進行が早く、生存率が悪くなってしまう。

すなわち、がんは遺伝するが、その発症は少い。ほとんどの人は生まれてからの生活・食習慣や、様々な放射線・電磁波、２・５ＰＭなどの環境汚染、職業汚染等を要因としている。

2　がん保険の定義とは何か

がん、ガン、癌

がん保険の定義に入る前に、この疾患の呼び名がたくさんあるので、名称の呼び名について整理をしておきたい。

日常生活の中で、よく見聞きする「がんとガン」は固形がん、「癌」は上皮内癌というように、3種類の呼称がある。さらに、これら3つに該当しない白血病などは「液性がん」、筋肉のがんは「筋肉腫」、骨のがんは「骨肉腫」という。

①「がん」…すべての悪性腫瘍の総称 ②「ガン」…すべての悪性腫瘍の総称	上皮性、非上皮性、液性ともに、がん細胞が無秩序に大増殖して人を死亡させるすべての病変。

③「癌」…皮膚などの上皮組織に悪性腫瘍のことで、がんの中で最も割合が多い。
④「肉腫」…筋肉や骨などの「非上皮性」の部位にできる悪性腫瘍。
⑤「液性がん」…血液やリンパ液にできるがんで、癌や肉腫のように塊で大きくならない。

がん保険の定義は、がん保険約款に記載があるが、約款の構成は、ページ順に前から後ろに順に読めないようにつくられている。どういうことかというと、「約款本文、特約、別表」などで構成されている。要するに、ページを前後しながら読まないといけないだけでも大変なのに、医学的な用語などが使われていて理解することが難しいといえる。

例えば、図表4~9のがん保険の対象となる悪性新生物や上皮内新生物を見ても、「分類項目」しか記載されておらず、疾患の詳細までは約款に記載されていないのが実際なのだ。後は、保険契約者が、自ら他の文献などの資料を探さないといけない状況にある。

筆者が調べた20の保険会社と1共済の約款の中で、疾患ＩＣＤコードごとの疾患名を開示している保険会社はアフラック生命1社しかなかった。しかし、アフラック生命でも、1つのＩＣＤコードの中にある詳細な疾患名は記載されていない。

がん保険の定義とは

がん保険の定義は2つある。1つは、ＷＨＯの世界的標準の医学見地に沿ったもの。もう1つは、金融庁の認可を受けているが、ＷＨＯの見解にも一致しないがん保険約款上の造語としているものだ。

がん保険の定義は、それぞれ約款に次のように記載されている。

《前者》…この契約において「がん（ガン）」とは、別表に定める悪性新生物をいいます。

《後者》…この契約において「がん（ガン）」とは、別表○に定める悪性新生物および上皮内新生物をいいます。

後者は、悪性新生物と上皮内新生物をカバーすることで、消費者には上皮内新生物＝悪性新生物（がん）と一括りさせてしまったのではないか？　上皮内新生物が重篤疾病や治療困難な疾病になってしまったといえる。

前者は、定義の中では「上皮内新生物」をがんと認めていないが、約款の後ろのほうにある「別表○」の中に「上皮内新生物」が悪性新生物（がん）と同じようにがんとして保障できるようにしているので、実質的には後者と同じ問題を前者も含んでいるのである。

ちなみに調べたところ、《前者》タイプが12社、《後者》タイプが８社と１共済であった。

上皮内新生物、上皮内がん、異形成とは

ＩＣＤ－10（ＩＣＤ－Ｏ－２以前）では、本書62ページの図表10のとおり、上皮内がんと高度異形成までを含めていたのを、同じくＩＣＤ－Ｏ－３では、上皮内がんと中等度異形成まで広げて含めて上皮内新生物としている。

そもそも、上皮内がんと高度異形成や中等度異形成の鑑別の精度にばらつきがあるので、まとめて上皮内新生物としているのである。

粘膜と上皮の違いとは

粘膜は、①粘膜上皮、②粘膜固有層、③粘膜筋板で構成されている。順に特徴についてまとめてみた。

① 粘膜上皮…粘膜表層を守る役目の上皮は、口腔、食道、肛門など刺激の強い部分では「重層扁平上皮」といい、胃や腸などで分泌や吸収の行われる部分では「単層円柱上皮」という。

② 粘膜固有層…膠原織が密に構成されている結合組織の層のことをいう。

③ 粘膜筋板…粘膜固有層の下に位置する平滑筋の薄い層のことで、粘膜固有層と粘膜下組織を分ける。

粘膜は、上皮細胞に覆われた外胚葉由来の上皮層である。吸収と分泌にかかわる様々な体腔に配置され、外部環境や内部臓器の面している。鼻孔、唇、耳、生殖器、肛門等、あちこちで肌と繋がっている。粘膜や腺から分泌された濃い粘性の液体が粘液である。

粘液は、体内において見られた場所を指し、すべての粘膜が粘液を分泌するわけではない。その

【図表11　上皮と粘膜・ヒトの消化器】

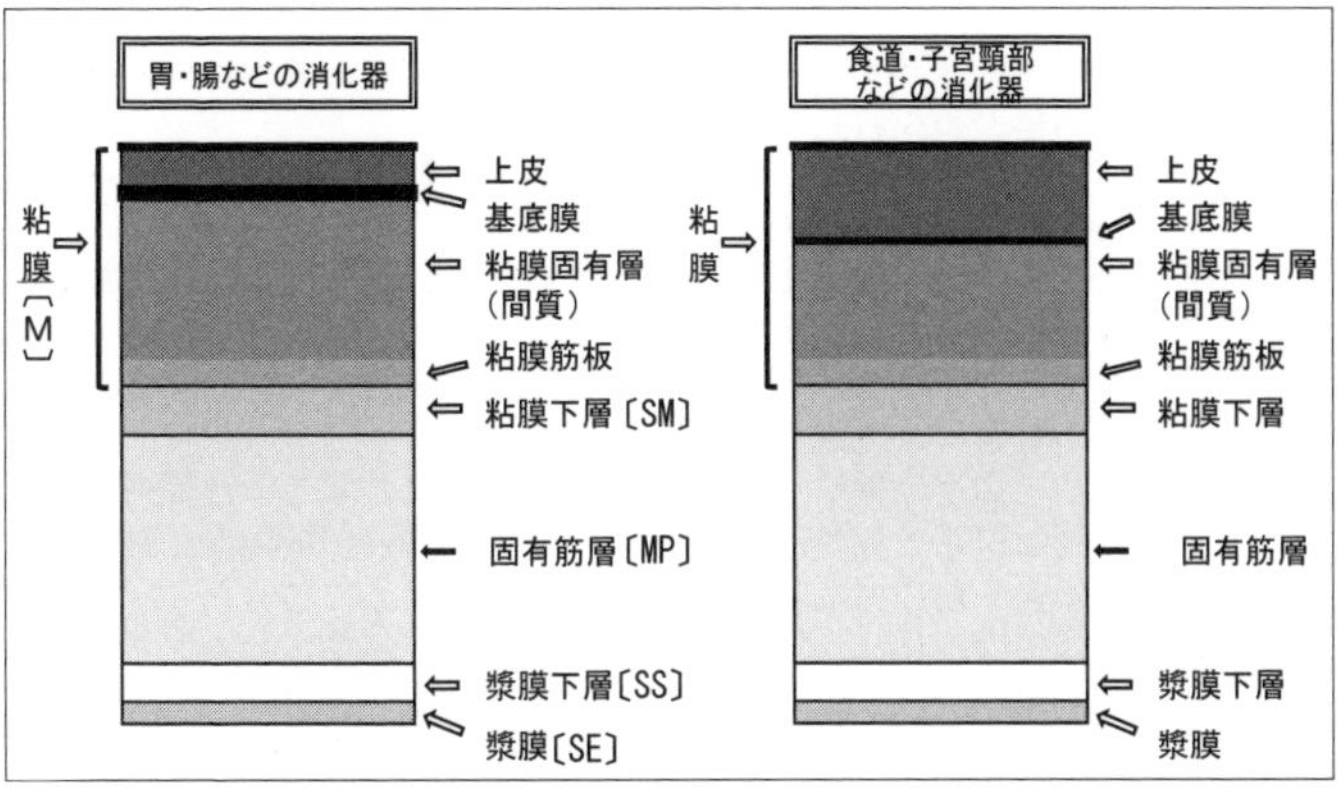

表面がいつも粘液性の分泌物で濡れている柔軟膜を称する場合に限って粘膜という呼称を用いるのである。

粘膜の種類としては、①頬側粘膜、②胃粘膜、③腸管粘膜、④嗅上皮、⑤口腔粘膜、⑥子宮内膜などがある。たいていの呼吸器系は、粘膜が特徴的である体腔に含まれている。

異形成とは

異形成とは、基底膜を超えるような浸潤はしない。また、その異型の程度により、「軽度異形成」から「高度異形成」までの3段階に分類されるが、いずれも基底膜までの上皮内の所見である。また「軽度異形成」は、腫瘍以外の変化と判断されることがあり、「中等度・高度異形成」は、前癌病変と判断されている。

医者の判断が分かれるので、支払時のトラブルが起きやすい。保険会社や保険募集人任せだけではなく、読者も普段から予備知識を持つべく勉強した上で、がん保険を契約することが大切である。

【図表12　異形成（dysplasia)】

細胞異形、構造異形を示すが、基底膜を破壊せず、上皮内に限局する増殖性の病気である。 一般には、核は大型化し、濃染し、核小体が目立ち、各細胞比が大となり、脱分化の傾向を示す。 言葉で表現すれば上皮内癌の所見と同じだが、異形度が軽度で癌と確定できないものとしている。 変性性、反応性、修復性病変にも細胞異型、構造を異型をみることがあり、その識別には注意を要する。 そして、中・高度の異形を示すものを前癌病変としている異形成状態という言葉は扁平上皮性の病変に用いられることが多いが、最近では腫瘍性の病変や前白血病状態にも用いられるようになった。 腫瘍性のものは、intraepitherial neoplasiaと呼称される。とくに扁平上皮では用いられ粘膜上皮の前癌を置換するものは本邦では上皮内癌（carcinoma in situe）とされるが、欧米では浸潤を示さないものを癌と診断されない。 腫瘍は単クローン性、腫瘍性であるのに対し、異形成は腫瘍性とは限らないので、混同すべきではない。 病理医により、または臓器により異形成の定義が異なることがある。例えば、欧州では結腸の腺腫や腫瘍内部癌も含めて異形成と呼び、肝では変性性の異細胞を異形成細胞といっている。 関連語：異形成,atypia,非定型性。 ・下里幸雄：前癌病変，メディカル用語ライブラリー　癌　垣添忠生、関谷剛男　羊土社　112，1996. ・日本産科婦人科学会、日本病理科学会編、日本放射染学会：子宮頸がん癌取り扱い規約　改訂第２版　金原出版　1997. ・日本食堂疾患研究会編：食道癌取扱い規約　第９版　金原出版　1999.

出典：一般社団法人日本癌治療学会用語・ICD-11委員会　用語集（2010年版）

粘膜内がんとは

粘膜内がんは、粘膜筋板を超えて浸潤せずに、腫瘍細胞が粘膜層に留まっている状態のことをいう。

そして、上皮内新生物は、基底膜を超えて浸潤せずに、上皮内に留まっている状態のことをいう。

以上述べたことは、図表11、12、13にまとめているのでご覧になっていただきたい。

【図表 13　粘膜内癌】

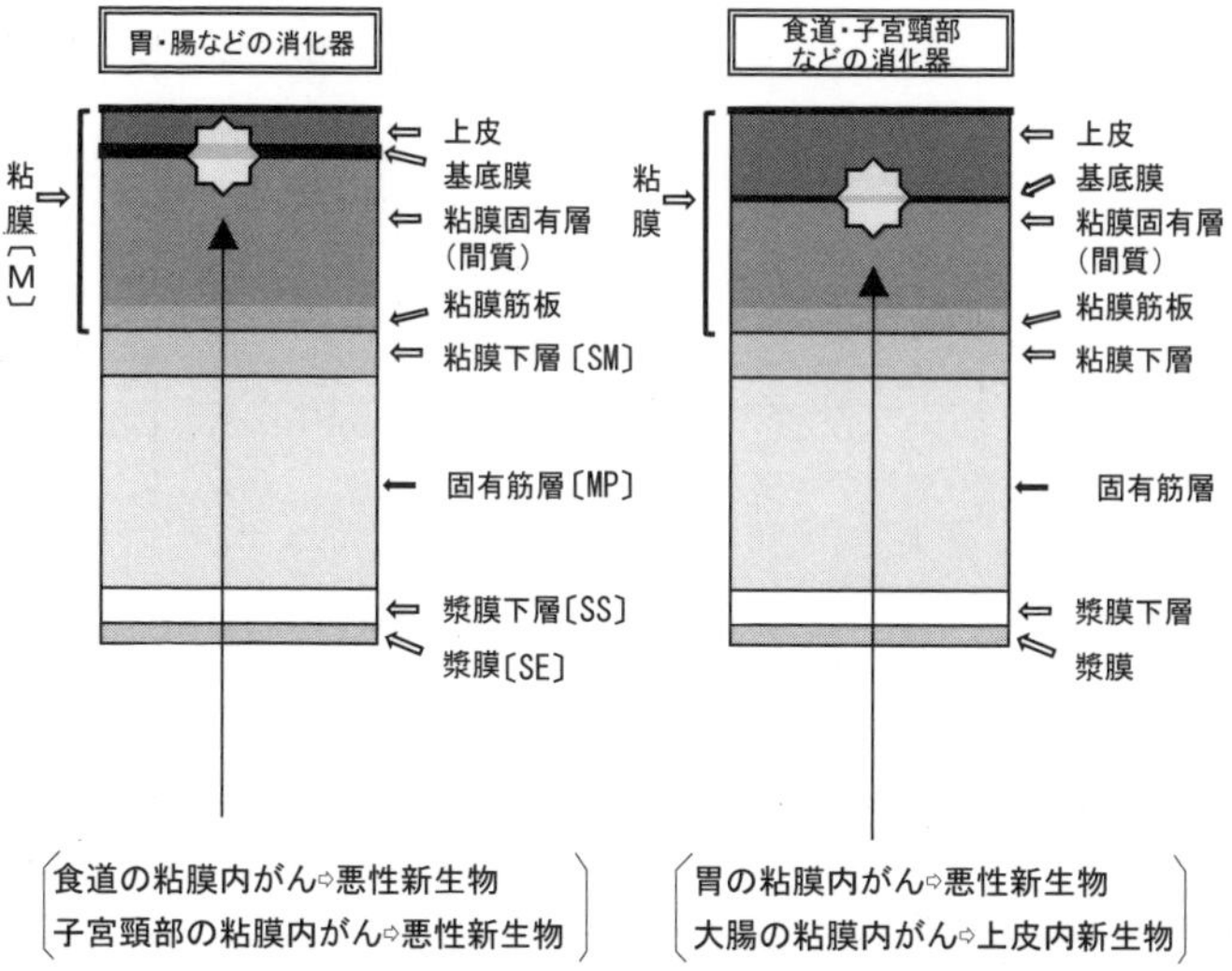

・大腸粘膜内がんだけが例外的分類となり上皮内新生物となる。
・大腸粘膜内がんは、日本独自の取り決めにて、ローカルルールである「大腸癌取扱い規約」に「早期大腸がん」に含まれている。（給付金支払いでのトラブルが見受けられる）
・粘膜内がんは、「上皮内新生物です。悪性新生物の給付金の対象となりません」というご説明が、保険会社のしおりやパンフレットなどに見られるので注意が必要である。

がんの診断確定の定義とは

がん診断の規定は、大きく分けて2タイプの約款が存在する。

・Aタイプ…「病理組織学的所見（生検・剖検）によりがんに罹患したとの診断が確定することが原則とする。そして、この病理組織学的所見が得られない場合に、その理由を明確にした上で他の検査の所見による診断確定を認める約款規定。
・Bタイプ…「病理組織学的所見（生検・剖検）を優先せずに、その他の検査の所見による診断確定を認める約款規定。

Bタイプ約款の「その他の所見」について、細胞学的所見、理学的所見（X線、内視鏡等）、臨床学的所見および手術所見の全部またはいずれかによる方法を認めている。

このような約款規定を採用している保険会社の場合のように、病理組織学的所見を優先とすることなく、超音波検査やCT，MRI、PET検査、細胞診検査、レントゲン写真、血液検査、問診所見などの様々な検査を安易に認めれば、給付金や保険金支払いにおけるばらつきが出たりすることになる。また、生検だけを認める約款と、生検と剖検を認める約款の2つがある。

したがって、契約者（被保険者）間の不公平に繋がりかねず、問題になるであろう。保険会社において改善の努力を求めたい。おすすめするがん保険約款は、図表14のAタイプである。

【図表 14　がんの診断確定】

がん保険約款の分類（診断確定）

Ａタイプ
・がんの診断確定は、病理組織学的所見（生検）により、医師によってなされることを要します。ただし、病理組織学的所見（生検）が得られない場合には、他の所見による診断確定も認めることがあります。
・悪性新生物の診断確定は、病理組織学的所見（生検・剖検）により医師の資格を持つ者によってなされることを要します。ただし、病理組織学的所見（生検・剖検）が得られない場合には、他の所見による診断も認めます。
上皮内新生物の診断確定は、病理組織学的所見（生検）により医師の資格を持つ者によってなされることを要します。

Ｂ　タイプ
・悪性新生物の診断確定は、病理組織学的所見（生検・剖検）、細胞学的所見、理学的所見（Ｘ線、内視鏡等）、臨床学的所見および手術所見の全部またはいずれかにより、日本の医師または歯科医師の資格を持つ者によってなされることを要します。
・がんの診断確定は、日本の医師または歯科医師の資格を持つ者（日本の医師または歯科医師の資格を持つ者と同等の国外の医師または歯科医師を含みます）によってなされることを要します。
がんの診断確定は、病理組織学的所見（生検を含みます）以下同じとします）によりなされることを要します。ただし、病理組織学的検査が行われていない場合であっても、細胞学的所見、理学的所見（Ｘ線、内視鏡など）、臨床学的所見、手術的所見その他の所見による診断確定もがんの診断確定と認めることがあります。また、病理組織学的検査が行われた場合であっても、それより前の時点で診断確定があるときは、その時点で診断確定があったものと認めることがあります。
前項で定まる診断確定の根拠となった検査（検査が複数のとき、診断確定の判断に至った際の検査）の実施日をもって、がんと診断確定されたものとみなします。

◎ Ａタイプの病理組織学的検査が行われない場合に他の所見を認める場合（中にはその行われない理由やの所見による診断確定の根拠の明らかさを求める約款がある）の約款が多い。
病理組織学的検査が原則であるが、Ｂタイプのように病理組織学的検査だけではなく他の所見による検査も安易に認めている約款が少なからず存在する。

特定疾病保障保険のがんの定義とは

がん、脳卒中、心筋梗塞を保障する保険は、「特定疾病保障保険」と、医療保険などの他の主契約に特約を付帯する「三大疾病保障保険特約」がある。

> 特定疾病保障保険の一般的な約款では、3種類の保険金を支払うように構成されている。
> ① 死亡保険金…………死亡されたとき
> ② 高度障害保険金……約款所定高度障害状態になられたとき
> ③ 特定疾病保険金……悪性新生物（がん）
> 責任開始期前を含めて初めて悪性新生物（がん）に罹患したと医師によって診断確定されたとき。ただし、次の場合を除きます。
> ・上皮（子宮頸がん0期・食道上皮内がん・非浸潤がん・大腸の粘膜内がん等）
> ・皮膚の悪性黒色腫以外の皮膚がん
> ・責任開始から90日以内に診断確定された乳がん　（以下省略）

特定疾病保障定期保険　無配当　契約概要2016・5　三井住友海上あいおい生命登2015―A―454

この特定疾病保障定期保険の特徴は、悪性新生物をがんと認めているが、上皮内新生物は保険金の支払対象外としている点である。保険商品の位置づけとしては、医療保険やがん保険のメディカル保険と違い死亡を前提とした保険商品である。したがって、がん保険のように90日超の待ち期間がないのである。
ただし、「乳がん」だけは、乳がんの性質上、がん保険と同じように、90日超の待ち期間が設定されている。また、皮膚の悪性黒色腫以外の皮膚がんのこの保険の対象外となっているので、注意が必要だ。

病理検査（病理組織学的所見）とは

① 病理…病理とは、病理学のことを指す。言葉の意味としては、病《やまい》の理《ことわり》を読み解くために、病変部の肉眼的観察と顕微鏡的観察をして、論理的に状態や原因を突き詰めていく学問である。
病理学は、大学では「実験病理学」が、病院では「診断病理学」が行われている。この病理検査（診断）は、①組織診断、②細胞診断、病理解剖（剖検）の3つで構成されている。

② 生検…生検とは、臓器や上皮組織などの病変部位を切り取り、顕微鏡などで検査することである。そのほかに、生体組織診断や生体検査、バイオプシーともいう。

③ 剖検…剖検とは、病死した患者の遺体を解剖して調べることである。剖検も医療行為の1つで、病理解剖ともいう。

④　問題点…ⓐ一般の病院では、検体の採取から診断報告まで、早くて5〜7日ほどかかり、遅ければ1か月くらいかかる。↑「迅速な標本作成が不可欠」である。
ⓑ病院に常勤できる病理医が少ないこと。↑「遠隔病理診断」などの活用をする。
ⓒ病理医によって、診断にばらつきが出る。↑「明確な診断しやすい標本」をつくる。

支払査定スキルの向上

がん医療は、「遺伝子プレシジョン・メディシン」という精密医療が始まっていることなど、日進月歩で進んでいる。最新医療に追いついていくためには、保険会社査定担当者のスキルアップは必要不可決だ。医学知識の不足による不払いや約款解釈の誤用による給付金などがあってはならない。がんの定義、がん保険約款の知識・見識と、医学見地からのがんの知識・見識ならびに医療現場での実態などについて、保険会社は、医者、医学研究者などの専門家と連携・協力して、契約者（被保険者）である患者への給付金や保険金のスムーズな支払いを実現していただきたい。

がんの診断確定は誰の診断によるものかは、保険会社によってばらばら

がんの診断確定は誰によってなされるかを規定した保険約款の要旨は、次のとおりである。

①　日本の医師または歯科医師の資格を持つ者によってなされること。

② 日本の医師または歯科医師の資格を持つ者によってなされること。被保険者が医師の場合は、被保険者以外の日本の医師または歯科医師の資格を持つ者によってなされること。
③ 日本の医師または歯科医師の資格を持つ者によってなされること。（日本の医師、歯科医師と同等の国外の医師または歯科医師を含む）

生検は、悪性新生物の診断があった後に、胃や大腸の切除が行われる。そして、手術の後にも最終的な生検が再度行われた結果、病理診断が確定する。この２度にわたり実施される病理検査を、約款上認めるか否かを規定しなければならないが、現行のがん保険約款では規定されていない。

そして、この病理診断をする者の基準であるが、また「日本の医師・歯科医師と同等」の国外の医師・歯科医師による場合における「同等」以外の規定がない。「外国での診断や歯科医師による病理診断」を認めるのか明確にされていない。些末なことではあるが、解釈の問題を残したままにしている。

このように、がん保険にとって最も大事な「がん診断確定」は、「病理組織所見」が世界的な医学のコンセンサスであり、現段階では、病理組織診断の診断精度が一番高いのである。

にもかかわらず、病理組織所見を優先しないで、本章88、89ページの「がんの診断確定の定義とは」の中で述べている他の検査を、最初から認めるがん保険約款を採用している保険会社が、本書135ページの図表15を見ていただくと、筆者が確認した「21」のがん保険約款のうち、ちょうど３分の１に当たる７約款もあるのだ。

ここまで、がん保険について見てきたが、がん保険（医療保険含む）は、本書序章の冒頭で述べているように、あやふやな保険商品であることがおわかりいただけたことと思う。

ただ、現実は、このような第三分野と称されるがん保険や医療保険は、消費者のニーズが高いのである。約11年前の日本経済新聞で、医療・がん保険が３２００万件も契約されていると報じていたのを思い出す。これは、日本経済新聞の２００６年２月16日付の記事である。

３２００万件というと、日本において、成人の３人に１人が民間保険のがん保険（医療保険）を契約していることになる。データは11年前と古いが、２人に１人ががんになり、３人に１人ががんで命を落とす統計とよく似ている。推測だが、今も変わることなく、成人の３人に１人の契約を維持しているし、さらにその件数は増加しているのではなかろうかと思われる。

がん保険の定義が、各保険会社によりばらつきがあり、肝心かなめのがん診断確定についてもばらつきがあるがん保険や医療保険は、実際、契約者（被保険者）が病気したときに、公的医療保険を補完し、契約者（被保険者）に安心を供しているのだろうか？

恐らく、現実は、安心の供与にはほど遠いのではなかろうか？　その要因として考えられるのは、民間保険は公的保険と違って無条件にすべての国民とすべての疾病を対象としていないからである。

にもかかわらず、日本において、これだけがん保険（医療保険を含む）が増加してきたのは、日本の医療保険改悪により、健康保険証を持っている患者の自己負担率が連続的に引き上げられてきたことがある。

日本の公的健康保険の現行の自己負担率の30％というのは、日本のような健康保険制度を持たないアメリカと比べたら断然にいいし、アメリカとのＦＴＡ条約の契約により条件はさらに悪化した韓国などの例からみても断然にいい。しかし、日本の現行における健康保険制度の「30％」という自己負担率は決して軽くない。

そのほかには、例外的であった混合診療が拡大してきたことも大きな要因といえる。２００６年6月に成立した「医療制度改革関連法」の中で、「保険外併用療養費」ですべての分野に拡大していける仕組みまででき上がってしまった。さらに、２０１６年4月からは、「患者申出療養制度」が始まった。従前までは、公的医療保険が適用される治療と、対象外の治療（自由診療）を併用する「混合診療」は原則禁止されてきたことを解禁したことになる。

このことにより、２０１６年4月23日発行の週刊ダイヤモンドでは、セコム損害保険会社の幹部たちが、「真価が発揮される時代がようやくきた!!」と、鼻息を荒くしていると報じていた。

これは、保険期間5年の「自由診療保険メディコム」という保険商品で、公的医療、先進医療や自由診療についても保険の対象としている。

患者の治療の選択の自由を可能にした「患者申出療養制度」は、金持ちの患者や、健康保険の範囲では満足できずにさらにお金を払っても治療したいという願いを満たすことになる。

公的医療保険は、民間保険のがん保険や医療保険と同じように、病気になったときの治療費をカバーするためにあり、憲法25条の社会保障の立場において、その責任は国にある。恩恵を受けられるのは、日本国民全員であるため「皆保険制度」といわれており、命と健康は平等という立場にあり、持病があっても、既往症があっても加入することができるなど、日本国民全員が等しく、誰でも、いつでも、日本全国一律の医療サービスを受けることができる。しかも、いかなる個人をも排除することはない。

民間保険のがん保険や医療保険は、当然ビジネスであり、責任の所在は契約を締結した個人あるいは法人の自己責任ということになり、その恩恵を受けることができる者は、健康状態を告知して、診査をパスした個人・法人ということになる。しかし、末期のステージⅢ・Ⅳのがんであろうが、初期のがんであろうが、医学的にがんではない上皮内新生物であっても、1度でも診断確定されたら、それ以降、生涯にわたって民間保険のがん保険や医療保険を契約することができない。

公的医療保険は、負担と給付の関係において、所得に応じて保険料を負担する「応能負担」を原則としているが、民間保険は、医療サービスの費用の一部を保障されるだけで、既に述べているように公的医療保険の果たす機能の一部を補完しているにすぎない。

このことからも、民間保険は、公的医療保険とは似て非なるもので、公的医療保険なくしては、民間保険は成り立たない程度の機能であることがわかる。がんと診断確定されないと一切の保険給付金や保険金が支払われないがん保険は、約款の規定のあいまいさや、がん診断確定のむずかしさを残し、対象となるそのがんの種類も保険会社一律でない。このことを考えるとき、憲法25条の立場に立つことが重要である。

第4章　上皮内新生物の問題点

1　上皮内癌と上皮内新生物

上皮内癌（ＣＩＳ）定義の原点

カルシノーマ　イン　サイチュー（Carcinoma in situ）は、日本語で「上皮内癌」という。上皮内新生物（Intraepithelial neoplasia or Intraepithelial Carcinoma）は、「上皮内癌＋高度異形成」であると、ＩＣＤ－10で定義されている。そして、最新のＷＨＯの上皮内新生物の範囲（ＩＣＤ－Ｏ－３）では、中等度異形成までが上皮内新生物と定義されている。

ちなみに、カルシノーマは、癌〈腫〉（上皮性悪性新生物＝上皮内癌）のことで、イン　サイチューは「本来の場所に」という意味である。

上皮組織から発症する癌腫は、下界と身体の境界を被う細胞と、下界と接していない体内の細胞を境界する「基底膜」を破って浸潤していない腫瘍（癌）のことである。

この基底膜を破っていないと、切除がしやすいため転移することが少ない。すなわち、予後がよいというのが、上皮内癌（カルシノーマ）なのである。ゆえに上皮内に限局していれば、上皮内癌（カルシノーマ　イン　サイチュー）というのが上皮内癌の定義の原点になっている。

しかし、上皮内に限局していたら、すべての症状が上皮内癌（カルシノーマ　イン　サイチュー）

で、基底膜を破って上皮外に浸潤したら上皮内癌（カルシノーマ　イン　サイチュー）ではなく、悪性新生物か、というと必ずしもそうではないのである。

上皮内に限局していても上皮内癌（カルシノーマ　イン　サイチュー）でないこともあったり、上皮内外に浸潤していても上皮内癌（カルシノーマ　イン　サイチュー）であることもあったりする。

上皮内新生物と悪性新生物との違い

上皮内新生物と悪性新生物は、ＷＨＯの分類において明確に異なっている。その基準は、何度も述べているが、「基底膜」を超える浸潤があるか否かにある。基底膜を超えなければ、生命の危険も少なく、一般的には、簡単な治療で済むため治療費負担も軽いのである。そして、すべてを切除できていることが前提ではあるが、再発リスクはない。

しかし、乳房の導管上皮内に限局しているパジェット病は、乳腺組織が複雑で再発があり得るため、リンパ節の一部と乳房全摘となった筆者のクライアントがいる。幸いにして、このクライアントの手術後は、乳がんの再発などはなく現在に至っている。しかし、左腕（左乳房全摘だった）が、9年あまり経ってから痺れるようになってきたとのことで、リンパ節転移を防ぐために念のため一部リンパ節を切除したのが関係しているものと考えられる。

上皮内新生物の発症部位としては、乳腺、大腸、子宮頸部、膀胱などに多い。

2 悪性新生物ではない大腸粘膜内がん

ＩＣＤと大腸癌取扱い規約

粘膜内がんとは、本書第３章の87ページ、図表13のとおり、粘膜筋板を超えて浸潤せずに腫瘍細胞が粘膜内に留まっている状態のことで、胃、食道、子宮頸部の粘膜内がんは悪性新生物となるのに対して、大腸粘膜内がんは例外的に上皮内新生物となっている。

筆者が今回確認した20社と１共済のがん保険約款のすべてにおいて、ＩＣＤの分類を約款に取り入れていた。保険会社は、グローバルスタンダード（世界標準）であるＷＨＯのＩＣＤに準拠しているということになる。また、日本の臨床現場では「癌取扱い規約」(金原出版)という日本独自のローカルルールがある。この「癌取扱い規約」も適宜改訂されて今日に至っている。

しかし、ＩＣＤと「癌取扱い規約」は、第２章で述べたが、一部において記載が違っているのだ。この「癌取扱い規約」を使用して主治医が、患者（契約者、被保険者）にＷＨＯの考え方やＩＣＤの分類とは違った基準の説明がなされることがある。そのような場合には、契約者（被保険者＝患者）と保険会社の査定担当者との間でも、給付金支払いの可否など説明がスムーズいかないことがある。

１９７６年に刊行されたＷＨＯのブルーブックでは、「がん」と診断を下すのは、腫瘍が粘膜筋板を貫いた場合のみとすべきとされていることにより、ＩＣＤの分類では大腸の粘膜内がんは悪性新生物とはみなされていない。さらに、７年ほど前のブルーブックの改訂においても、粘膜筋板を超えて粘膜下に浸潤されたものを「がん」と呼ぶとされている。40年ほどの長きにわたり、同じ考え方が踏襲されてきたことになる。したがって、ＩＣＤ分類では、大腸の粘膜内がんを悪性新生物とはみなさないのである。

日本ではどうかというと、本書第3章の87ページの図表13を見ていただきたい。

１９８３年（昭和58年）の「大腸癌取扱い規約（昭和58年第3版改訂）」では、次のように規定されている。

大腸癌取扱い規約

① 大腸粘膜内がん（Ｍがん）

腫瘍細胞が基底膜を浸潤して、粘膜内（Ｍ）に留まっている。そして粘膜筋板を、さらに浸潤してその外側にある粘膜下層（ＳＭ）に及んでいない状態。

② 大腸粘膜内がん（ＳＭがん）

腫瘍細胞が基底膜を浸潤して、粘膜内（Ｍ）に留まっている。そして、粘膜筋板を、さらに浸潤してその外側にある粘膜下層（ＳＭ）も浸潤している状態。

この①と②の両方を早期癌と規定して以来、今もこの考えは踏襲されている。なお、日本の「大腸癌取扱い規約」では、「早期癌はリンパ節転移の有無は問わない」とされている。

ICD分類でのがん

＊大腸粘膜内がん（SMがん）↓悪性新生物

＊大腸粘膜内がん（Mがん）↓上皮内新生物

大腸癌取扱い規約

＊大腸粘膜内癌（SMがんとMがん）↓早期癌

ICD分類でも、悪性新生物として取り扱う大腸粘膜内がん（SMがん、粘膜下層がん：浸潤がん）

3　上皮内新生物をがん保険の対象とする弊害

なぜ、がん予防に力を入れないのか

序章にも述べたが、有名人、俳優、芸能人などががんに罹り、闘病生活をドキュメンタリーしたり、保険会社のＣＭに出て、「保険は大事よ〜」などといってがん保険のＰＲに一役買ったりしている。また、ブログなどのＳＮＳで、がんとの闘病生活を公開したり、テレビに出てがん検診をすすめたりしている。著名人が動くとすぐに日本人は反応して、がん検診を受ける人も増えているとメディアが報じていた。

保険会社の営業にも力が入り、がん保険のパンフレットもキャッチ―なフレーズが並ぶ。

がんは今や、「不治の病ではなくなり治る時代」になったといわれて久しい。
「…だから、がんと闘いましょう」
「そして、がんと闘うための治療費を、がん保険に入って準備しましょう」などなど。

すべての保険会社では、消費者や契約者に不安を煽り、心配させて、保険の購入をすすめるものばかりだ。今の時代は、がん、白血病、肉腫、悪性リンパ腫、脳疾患、心臓疾患、糖尿病、精神疾患などの様々な病気を患う可能性は、高くなってきている。

しかし、医療の進化などのおかげで長生きができるようになったが、健康寿命としては決して長くなってきたというわけではない。

さらに、日本人の高齢化と加齢、そして原発、放射線、食品添加物、遺伝子組み換え食品、農薬……、社会の環境変化に伴って、健康を損ない病気になっていく確率は高くなっていくものと考えられる。

保険会社は、「告知あるいは健診」を実施して、がん保険の販売を続けている。当然、給付金や保険金の支払いも増えていくことだろう。しかし、生命保険を販売している保険会社や共済などは、「予防」については働きかけをしない。「予防医学」ならぬ「予防がん保険」をビジネスにすれば、給付金や保険金の支払いが抑えられ、保険料や医療費、がん検診料の無駄な支出について国民や国の負担軽減にもなる。

このまま対策を打たなければ、がん保険の維持に支障が出てくるだろう。保険は使うことよりも使わないことに価値があって、万が一より高い確率で、日本人ががんになり、そして死んでいく現代において今のままでいいわけがない。

上皮内新生物を「がん保険」の対象にすることとは

「がんには2人に1人がなって、3人に1人ががんで死ぬ時代になった」とよくいわれている。しかし、この確率については、額面どおりにとってはいけないということもよくご存じの読者が多いことと思う。

ただ、厚生労働省のがん統計によると、2030年の日本人の死因の40%ほどは「がん」が占めるというデータが公開されている。

がん保険では、悪性新生物に加えて、上皮内新生物を「上皮内がん」として謳っている保険会社が多く見受けられる。

しかし、上皮内新生物は、「上皮内癌と高度異形成」で成っているもので、医学的にはいわゆる「がん」ではない。

すなわち、上皮内がんというのは、保険用語であって「造語」なのである。そこを保険会社が誇張・強調することで、消費者の不安を煽っているのにすぎない。

「上皮内がん」をキーワードに、「上皮内がんまで保障するがん保険がいい保険ですよ！」などといわんばかりに、販売競争を繰り広げてきた結果、今のがん保険は、「悪性新生物と上皮内新生物」を保障するのが常識になった。

しかし、三大疾病保障特約や特定疾病保障定期保険で保障する「がん」は、「悪性新生物」だけで、「上皮内新生物」は保障の対象外のままにしている。そのことは正しいことであると筆者は考えている。

この「三大疾病保障特約や特定疾病保障定期保険」は、「死亡」ということに重点が置かれている保険であるということである。短時間で切除して完治できるなど、死亡に至ることのない上皮内新生物を、保障の対象から外しているのである。

このような理由のため、「乳がん」以外の悪性新生物については、契約して契約が成立した日（通常は○月1日）から保障の対象から外す、いわゆる「待ち期間の90日間」がないのである。

上皮内新生物を上皮内がんという位置づけで、がん保険給付金の支払対象としているがん保険は、今やスタンダードとなり、もはや常識となった。

しかし、本来のがんである悪性新生物の「がん診断給付金」の50％とか10％の金額を、がん診断給付金としている保険会社がまだ多いのである。

このことは、「上皮内新生物」は、悪性新生物より安い治療費で完治する疾患であることが大きい要因であるといえる。それにプラスして、見つかった「がん」の中で最も多いのがこの「上皮内新生物」であるということなのである。

したがって、本来のがんである悪性新生物とは区別して、上皮内新生物を保険販売の「キーワード」として特別扱い」しているのではないかと邪推してしまう。

ここが、保険会社の本音が見え隠れするミソなのである。保険会社は、たくさんの保険料を集めたい、他の保険会社よりも大きくなりたい……。では、どうするのが一番いいのか？　それは、消費者に不安になっていただき、心配させることなのである。

保険料をたくさん集めるために、上皮内新生物を上皮内がんといってたくさんのがん保険料を獲得する保険会社が多いのである。その結果、がん検診などで発見されやすくなった現代において、上皮内新生物の給付金の支払いも当然増えることになる。

このくだりの中に、本能的に嫌がる保険会社の姿があるのだ。それは、保険料は欲しいけれど、給付金は極力支払いたくない。上皮内新生物の診断給付金を保障するなら、悪性新生物と同額にすればいいのに、実際には10％～50％程度に減額している保険会社が多いことは、そのことを如実に示している1つだ。

上皮内新生物は、がん保険で保障しなくても、医療保険の入院給付金や手術給付金で支払えるわけなので、医療保険に任せたらどうかと考える。

そうすることによって、「がん」の概念から乖離している上皮内新生物を「医療保険」の支払いに加え続けることで、消費者や契約者（被保険者）の誤解を解くことができる可能性がある。

もともと上皮内新生物は、浸潤と転移がないという生物学的性質のため、良性新生物と一括りにして取り扱われてきた。

しかし、上皮内がんと称されるようになったことにより、悪性新生物と混同されるようになった。もちろん、医学的には、良性病変との明確な分別ができない状態である。そして、基底膜から内側にある上皮内に広がる軽度異形成から高度異形成までの病変（異形成という異常な病変の増殖）の存在に対して、何をもって上皮内新生物に分類するかは病理医の判断に委ねられている。

その元になるのが、医者が使う「癌取扱い規約」と、保険約款に規定されている「ＩＣＤ－10（２０１７年秋頃に改訂され公表予定のＩＣＤ－11）ならびに「ＩＣＤ－Ｏ－３」なのである。

現行のＩＣＤ－10に、ＩＣＤ－Ｏ－２を併用しているときの上皮内新生物の範囲は、「上皮内癌＋高度異形成」であった。

しかし、保険会社の中で、最新版のＩＣＤ－Ｏ－３を併用している現在での上皮内新生物の範囲は、「上皮内癌＋高度異形成＋中等度異形成」までその範囲を拡大してきている。

この範囲は、保険会社が「いつの世代のＩＣＤコード」を使っているのかによって、その適用範囲が変わり、さらに病理医の判断と保険会社の有無責の判断が変わるのである。

悪性新生物ではなく、上皮内新生物だといわれ、給付金を減額されている上皮内新生物の診断給付金の支払いに留まるなどのトラブルが発生するのは頷ける話である。

4　初期がんと早期がんの問題

初期がん

保険会社の中には、上皮内新生物のことを「初期がん」（医者の責務において上皮内新生物のことを初期がんと告知することもある）という用語を用いて、パンフレットなどの保険募集資料などに記載していることがある。

これについては、医学的ながんなのか、それとも造語としての一般的な呼称としてがんなのかを明確に説明していない。消費者から見ると、「初期がん」という用語に接すると、「がん」という用語が入っているだけに、言葉の修辞法のレトリック効果により、「がんなのか〜」と思い込んでしまう危険性がある。

もちろん、医学的には「初期がんや早期がん」について明確な定義はないが、国際対がん連合（UICC）のTNM分類には、ステージⅠ・ステージⅡに該当し、上皮内新生物の多くの範囲であるステージ０には含まれていないのである。

すなわち、「初期がん」は、悪性新生物の初期・早期の病期を示す用語なのであって、上皮内新生物のことではないのだ。

早期がん

早期がんについては、上皮内新生物に含まれる部位と含まれない部位に分かれている。そのため、上皮内新生物に対して早期がんという用語を使うときは、医学的には正確さが伴う。

ちなみに、日本癌治療学会の用語集に定義されている「早期がん」は、「臨床の通用語として用いるべき」となっているので、保険の募集資料等に記載することはもちろん、用語として使うことは適切ではない。

5　上皮組織と基底膜

上皮組織と基底膜

上皮組織とは、体表面、管腔（消化管、呼吸器、泌尿器、生殖器など）、体腔（心膜腔、胸膜腔、腹膜腔）などの表面を覆う1～10数層の細胞の層でできた組織で、細胞相互が密接して配列し、細胞間質がわずかしか介在しない。

表面の反対側の上皮の下には、結合組織が存在することが多く、上皮組織と結合組織の境に基底膜がある。

この基底膜は、0・1マイクロメートルのデリケートな膜でできている。またその構造は、結合組織の繊維と基質の特別な集合体で、シート状に配列された細胞外マトリックスたんぱく質から成っていて、「透明板」と「基底板（緻密板）」と「繊維細網板」の3つの層で構成されている。

上皮内新生物は、この上皮組織（粘膜、表皮、基底細胞）の中に発生するもので、それが基底膜を破って粘膜固有層（粘膜、真皮、間質）に浸潤すると、悪性新生物となる。

しかし、この基底膜を破っても、大腸粘膜内がんは例外的に上皮内新生物なので注意が必要である。

また、すでに述べているように、結合組織である血液の悪性腫瘍である白血病は、がん細胞の異常な集合体ではないため、「がん」ではない。

もちろん、がん保険はがんを保障するものではなく、悪性腫瘍に対して保障するものであるから、「白血病」もがん保険の対象となるのである。

このようながん保険に、悪性新生物ではない上皮内新生物を「上皮内がん」といって保険商品をつくってしまったことが、現在、がん保険の給付金支払いの現場において混乱が起きている1つの要因であるといえる。

基底膜と基底板（緻密板）

基底膜と基底板（緻密板）の用語は、よく似ていて難しいが、簡単にいうと、光学顕微鏡を使って1層に見えたものが、表皮の基底細胞の下に存在する膜だったので「基底膜」と名づけられた。その後、20世紀半ばに発明された電子顕微鏡により、1層に見えた「基底膜」が3層であると判明したので、それぞれ「透明板、基底板、繊維細網板」と名づけられたということである。

ちなみに、この基底板の厚みは組織によって異なるが、20～３００ｎｍ（ナノメートル）の電子密度の高い薄層である。

上皮内新生物の給付金支払い拡大の影響

すでに述べているように、国際疾病分類（ＩＣＤ）－腫瘍学第3版（ＩＣＤ－０－３）への改正時に、これまで高度異形成までだったものが、中等度異形成までの病変を含む範囲に修正された。保険会社は、ＩＣＤに準拠しているため、否が応でもその影響は、がん保険給付金の支払いの上昇に反映される。

この改正で、上皮内新生物に含まれることになった中等度異形成の上皮内病変の自然経過については、「Meta-analysis:Oster(IJGP1993)and Syjanen(1997)」によると、22％が高度異形成に進展するとされている。したがって、今後の給付率の推移を見守る必要があるが、給付金の支払い漏れのないようにしなければならない。

この医学基準の変更による不安定さが、がん保険のリスクであるので、今後とも上皮内新生物のあり方には、課題が残されている。

本章の最後に上皮内新生物の保障のまとめとして、保険募集人のスキルとして持ち合わせていなといけないことが、簡潔に、『「がん」と「がん保険」がん保険基本マニュアル』（佐々木光信著、保険毎日新聞社刊行）に述べられている。一般の読者にも参考になると思うので引用する。


*悪性新生物と上皮内新生物の違いを理解し、保険募集では医学的に正しく説明しなければならない。

*代替呼称の初期がんや早期がんの用語の使用は、慎重でなければならない。

*上皮内新生物では、原則死亡しない。また簡便な治療で治ることを知る。

*上皮内新生物の医学的定義が不安定で、数理的なリスクになっている。

*リスクを勘案し特約化する会社と営業訴求性で悪性新生物と同等の保障をする会社がある。

あなたは、上皮内新生物の説明ができますか、悪性新生物との違いを知っていますか
あなたは、上皮内新生物が自然治癒することがあることを知っていますか
あなたは、上皮内新生物で人は死なないことを知っていますか
あなたは、上皮と粘膜の違いを知っていますか
あなたは、上皮内新生物と上皮内癌や高度異形成の違いがわかりますか

第5章　がん保険を自己診断する

1　がん保険を選ぶ基準

ＩＣＤコードの内容の吟味

　がん保険選びの基準の第1順位は、コスパ（コストパフォーマンス）でもなく、保険料コストの安さでもなく、もちろんパンフレットに記載されている数々の保障条件の良し悪しではないし、保険募集人の人柄でも、保険会社の規模の差なんか……でもない。

　今まで、保険会社や保険募集人が、保険販売に際して、消費者であり、読者であるあなたに説明できてこなかったこと。おそらく今後も、説明されることもほとんどないだろうというがん保険販売において知られざるマイナー的な存在が、がん保険選びの基準の上で最重要なことなのだ。

　その最重要な基準の第1ステップは、「ＩＣＤコード」の内容を吟味することから始まる。

　本書では、何度も出てくる「ＩＣＤコード」であるが、本書を手に取っていただくまで、ご存知ではなかった読者が多いのではないだろうか？

　がん保険を含む生命保険や損害保険の保障条件などについて、様々な角度から、あるいはコスパ（同一期間内の給付金等受取総額÷保険料支払総額）から、保険商品を徹底検証・比較してランキングづけして公開した様々な本や雑誌などが売られている。きっと多くの読者は、お読みになったことがあることと思う。

なぜ買うのか？……例えば、がん保険なら、こういうことではないか？

それは、「2人に1人ががんになって、3人に1人が死ぬ」といわれている昨今では、不安だし心配になる。しかし、がん保険のことは、よく知らないし、医学的なこともよく知らない。したがって、「保険の本」を買って、勉強をする消費者が多いのではないかと、筆者は考えている。

「こんなはずじゃなかった！」

この「失敗を繰り返す」のは、次のことが考えられる。

①　がん保険の「給付金支払基準が明確になっていない約款」があること。
②　結局、最後は「医者の所見・診断・判断」などが優先されること。
③　臨床現場の医師、病理医は、「がん保険約款の知識がない」こと。
④　がん発症部位やがん発見のタイミングと、いつ契約したがん保険か、どこの保険会社のがん保険なのかなどにより、その給付金等の支払いに不公平感がでること。
⑤　結局、がん保険の給付金等支払いは、「運次第」という側面があること。
⑥　「ＩＣＤ」についてよく知らない保険会社の社員達や保険募集人がいること。
⑦　「約款」についてよく知らない保険会社の社員達や保険募集人がいること。
⑧　契約者（被保険者）は、保険会社や保険募集人を当てにしすぎること。

⑨　保険会社や保険募集人と契約者（被保険者）は、「医学的な知識」が質的にも量的に乏しいこと。
⑩　がん保険は、「医学の進歩や変化などに対応しない約款」があること。

ＩＣＤと約款の分析（セルフチェック）

現在は、ＷＨＯより公開されていないが、２０１７年秋には改訂されたＩＣＤコードが公開予定である。したがって、各保険会社がそれを自社の約款に取り入れるのは、２０１８年以降になると思われる。

今すぐがん保険の見直しをする場合、ＩＣＤコードが「ＩＣＤ－11」へと変わるので、その変化にも対応できるような見直しが大切である。

がん保険を契約されている読者であれば、保険証券とがん保険のしおり（この中の後半部分にがん保険約款が記載されている）を見ながらお読みいただくのもいいと思う。

それでは、保険会社や保険募集人に頼らなくても、読者自身でチェックできるように説明していこう。

①　ＩＣＤ－10が使われているか

各保険会社約款の別表○には、次のように対象となるがんが記載されている。

①タイプ	②・③タイプ	④タイプ
・昭和53年12月15日行政管理庁告示第73号に定められた分類項目中下記のものとし、分類項目の内容については、「厚生省大臣官房統計情報部編、疾病、傷害および死因統計分類提要、昭和54年版」によるものとします。	・平成6年10月12日総務省告示第75号に基づく厚生労働省大臣官房統計情報部編と平成21年3月23日総務省告示第176号に基づく「厚生労働省大臣官房統計情報部編、疾病、傷害および死因統計分類提要ＩＣＤ－10（2003年版）」準拠	・平成27年12月13日総務省告示第35号に基づく「厚生労働省大臣官房統計情報部編、疾病、傷害および死因統計分類提要ＩＣＤ－10（2013年版）」準拠
東京海上日動（販売中止）と共栄火災の2社	セコム損害、アクサ生命など17社と1共済	アフラック生命1社

これについて、セルフチェックする。

□　①タイプ……………×

□　②・③・④タイプ……◎

②・③・④タイプがおすすめ

②　ＩＣＤ－10とともに、ＩＣＤ－Ｏ－3が使われているか

各保険会社約款の別表○には、対象となるがんの下部には、次のように記載されている。

厚生労働大臣官房統計情報部編「国際疾病分類 - 腫瘍学第3版」

新生物の性状を表す第5桁コード
／0……良性
二次性〈続発〉（第2版以降は「悪性、悪性、続発部位と記載」
／1……良性または悪性の別不祥 ↓ ・境界悪性 ・低悪性度
／2……上皮内癌 ↓ ・上皮内 ・非浸潤性 ・非侵襲性
／3……悪性、原発部位
／6……悪性、転移部位
／9……悪性、原発部位または転移部位の別不祥

②・③・④タイプ

アフラック生命、ＪＡ共済、ＡＩＧ富士生命、オリックス生命、朝日生命、日本生命など13社と1共済

これについてセルフチェックする。

□ 記載なし………×
□ 記載あり………◎

③ 性状不祥または不明の悪性新生物（D37～D48）が、悪性新生物（C00～C97）に加わっているか

各保険会社約款の別表○対象となるがんの分類項目・基本分類コードの一覧表内の下部に次のよ

うに記載されている。

性状不祥または不明の悪性新生物（Ｄ37〜Ｄ48）中の
・真正赤血球増加症〈多血症〉………Ｄ45
・骨髄異形成症候群　……………Ｄ46
リンパ組織、造血組織、および関連組織の性状不祥または不明のその他の新生物（Ｄ47）中の
・慢性骨髄増殖性疾患…………Ｄ47・1
・本能性（出血性）血小板血症……Ｄ47・3

これについてセルフチェックする。

□　記載なし………×
□　記載あり………◎

④　がん保険契約以降に、改正・改訂されるＩＣＤのＷＨＯ基準変更に対応できる約款か

各保険会社約款の別表○対象となるがんの分類項目・基本分類コードの一覧表の下部に次のように記載されている。

☆記載あり……「会社が認めた限り」の条件付
1、上記1の厚生労働省大臣官房統計情報部編「疾病、傷害および死因統計分類提要」におい

て、新たな分類が施行された場合で、上記1に掲げる疾病以外に新たに悪性新生物または上皮内新生物に分類された疾病があるときには、会社が認めた場合に限り、その疾病を対象となる悪性新生物に含めることがあります。
2、上記2の厚生労働省大臣官房統計情報部編「国際疾病分類 - 腫瘍学」において、新たな分類が施行された場合で、新たに新生物の性状を表す第5桁コードが悪性または上皮内癌とされた新生物があるときには、会社が認めた限り、その新生物を対象となる悪性新生物に含めることがあります。

無解約返戻金型終身ガン治療保険（抗がん剤等治療）普通保険約款　チューリッヒ生命
平成26年11月5日実施　平成28年9月1日改正

☆記載あり……「会社が認めた限り」の条件なし（自動的に変更される）
1、なお、厚生労働省大臣官房統計情報部編「疾病、傷害および死因統計分類提要」において、新たな分類が施行された場合は、新たな分類の基本分類コードによるものとします。
2、なお、厚生労働省大臣官房統計情報部編「国際疾病分類 - 腫瘍学」において、診断確定日以前に新たな版が発行された場合は、新たな版における第5桁コードによるものをいいます。

新ガン保険α（無配当）普通保険約款
三井住友海上あいおい生命　2016年5月版

これについてセルフチェックする。

□　記載なし……×

□　記載あり（条件付）……○

□　記載あり（条件なし）……◎

⑤　**病理組織学的所見（生検、剖検）が優先されている約款か**

がんの定義および診断確定に次のように記載されている。

> ☆病理組織学的所見が優先されていない約款
>
> 2、がんの診断確定は、日本の医師または歯科医師の資格を持つ者（日本の医師または歯科医師の資格を持つ者と同等の国外の医師または歯科医師を含みます）によってなされることを要します。
>
> 3、がんの診断確定は、病理組織学的所見（生検を含みます。以下同じとします）によりなされることを要します。ただし、病理組織学的検査が行われていない場合であっても、細胞学的所見、理学的所見（X線、内視鏡等）、臨床学的所見が行われた場合であっても、細胞学的所見、理学的所見（X線、内視鏡等）、手術所見その他の所見による診断確定もがんの診断確定と認めることがあります。また、病理組織学的検査が行われた場合であっても、それよりも前の時点で細胞学的所見、理学的所見（X線、内視鏡等）、臨床学的所見、手術所見その他

の所見による診断確定があるときは、その時点で診断確定があったものと認めることがあります。

4、前項で定まる診断確定の根拠となった検査（検査が複数のときは、診断確定の判断に至った際の検査）の実施日をもって、がんと診断確定されたものとみなします。

Believe(ビリーブ)　無配当新がん保険（2010）普通保険約款

オリックス生命　2016年5月

☆病理組織学的所見が優先されている約款

3、がんまたは上皮内新生物の診断確定は、日本の医師の資格を持つ者（日本の医師の資格を持つ者と同等の日本国外の医師を含みます。以下、「医師」といいます）によって、病理組織学的所見（生検を含みます。以下同じ）によりなされたものでなければなりません。ただし、病理組織学的検査が行われなかった場合には、その検査が行われなかった理由および他の所見による診断確定の根拠が明らかであるときに限り、その診断確定も認めます。

新生きるためのがん保険Ｄａｙｓ　がん保険（低・無解約返戻金2014）普通保険約款

アフラック生命　2016年3月版

※他の所見とは、例えば、臨床的にがんの細胞や組織の手術ができないことがあり、ＣＴ検査やＭ

ＲＩ検査などの画像診断によりがんの診断確定すること。
これについてセルフチェックする。

□　病理組織学的所見　優先なし……×
□　病理組織学的所見　優先あり……◎

⑥　がんの診断確定だけで支払われるがん診断給付金（がん診断一時金）があるか

がん診断給付金の支払いに次のように記載されている。

この保険契約において支払う給付金は、次のとおりとします。

①　診断給付金（※１）

支払額	保険証券記載の診断給付金額
受取人	給付金受取人（給付金受取人の指定がないときは被保険者）
事　由	被保険者が責任開始期以後の保険期間中に次のいずれかに該当したとき。 ア、初めてがんと診断確定されたとき。 イ、既に診断確定されたがん（以下「原発がん」といいます）を治療したことにより、がんが認められない状態（以下「治癒または寛解状態」といいます）となり、その後初めてがん再発したと診断確定されたとき。 ウ、原発がんが、他の臓器（※２）に転移したと診断確定されたとき。ただし、そ

支払	の転移の以前においてその臓器に既にがんが生じていた場合を除きます。 エ、原発がんとは関係なく、がんが新たに生じたと診断確定されたとき。 （※1）診断給付金が0と指定されている場合、診断給付金の支払いはありません。 （以下、省略） （※2）同一の種類の臓器が複数ある場合は、それらは同じ臓器とみなします。 （以下、省略）

（がん治療支援保険　東京海上日動あんしん生命　2013年・10月改訂）

がんと診断確定されると、がん治療を直接の目的とした入院をしなくてもがん診断給付金（一時金）が支払われる保険がある。がんは、がんの進行を示すステージ（病期）やがんを罹患した部位などによっては、手術をしないほうが少しでも長生きできる場合がある。

そんな場合において、がん治療を目的とした入院をして、がん診断確定をされなければならないことを条件とするがん保険を契約してしまっていたらどういう結果が待っているだろうか？手術を回避して、支払ってもらった「がん診断給付金（一時金）」を、生きる楽しみとして使ったほうが意義深いと思われる。

まさか、がんになったときに備えていたわけだから、「がん治療給付金」を支払ってもらうために、がん治療を直接の目的とした手術などの治療を受けて手術してもらい、「がん治療給付金」を支払ってもらっても、手術したことで自分の命を短くするようなことにでもなれば、本末転倒である。

これについてセルフチェックする。
□　がん治療を目的とした入院（がん診断給付金）必要あり……×
□　がん治療を目的とした入院（がん診断給付金）必要なし……◎

・がん診断確定給付金（がん診断一時金）複数回支払い

長期の療養や進行したステージ（病期）に備えるための保障であるが、本書の第1章で述べたように、医学的な判断が重要なポイントとなるので、給付金支払いにおいてはその判断が複雑になる。

最初のがんから1～2年の間隔が必要となっていて、支払いの要件には、最初のがんが治癒・寛解している条件になっていることが多い。

約款の文字にすると簡単だが、初回のがん診断確定と比較して、再発や転移がんの診断確定は医学的に難しいことといえる。

単純に「複数回支払い」を多くしたからよいとか、その支払間隔が1年と短いからよいとかという基準では、がん保険を選ぶことは適当ではないと考えている。

保険会社的な発想では難しいかもしれないが、単純に「1年とか2年経過した時点で、がんが確認されて、治療のための入院とか通院が必要であれば、給付金を支払う」というほうがすっきりしていて、わかりやすいのではないだろうか？

ここでは、どこの保険会社の保障がいいのかは、約款に謳われている保障条件で、その良し悪しの判断は難しいので割愛したい。

次に、がんのステージ（病期）が進行すると、がん診断給付金が支払われる保障があるのでご説明する。

ステージ（病期）分類の確定診断

現在、マニュライフ生命とメットライフ生命が導入している保障である。厚生労働省のデータでも、進行度が上がることにより療養費が増加していく現実がある。そこで、新たながん保険販売の切り口として、保障が開発されたと考えられる。

ステージ（病期）は、国際対がん連合の（ＵＩＣＣ）のＴＮＭ分類を基準にしている。

初めてのがん診断は、発症して基底膜を破って浸潤をしたら悪性腫瘍と確定診断ができる。しかし、その後のがんの連続する重症度を、人為的な基準に過ぎないＴＮＭの進行度を用いて段階的勾配給付を行うことは、ステージ（病期）の診断は簡単ではないはずだ。しかも、ステージ（病期）の分類の基準や定義は、臨床現場や約款において明確にされていない。

ここで、マニュライフ生命の「こだわりがん保険」のパンフレットに記載されているので、「ガンのステージ（病期）とは」の概要についてご紹介しておく。

ガンのステージ（病期）とは

ガンの進行度を示すために「ステージ（病期）」という尺度が用いられます。ステージは０～Ⅳに分類されており、数字が大きくなるほどガンが進行していることになります。
・左記は、「ステージ（病期）」の概念をわかりやすく伝えるため、マニュライフ生命が各種資料に基づいて作成したものであり、あくまで目安としてご理解ください。
・実際の医療現場においては、より細かい規準に基づいてステージ（病期）が分類されます。また、ガンの種類によってもステージ（病期）の分類は異なります。
ステージ（病期）分類のイメージ・大腸ガンの場合
・「上皮内新生物」は「ステージ０」に分類されます。
ステージ０　ガンが上皮内や粘膜の中にとどまっている。
ステージⅠ　ガンが大腸の壁（固有筋層）の中にとどまっている。
ステージⅡ　ガンが大腸の壁（固有筋層）の外まで浸潤している。
ステージⅢ　リンパ節に転移している。
ステージⅣ　肝臓、肺、腹膜などに転移している。

マニュライフ生命とメットライフ生命のガン診断給付金の支払いは、次のような約款に基づいてなされている。
・マニュライフ生命・がん保険約款抜粋（こだわりがん保険）

第3条　この保険契約において支払うガン診断給付金は、次のとおりです。

支払額

悪性新生物診断給付金額

ただし、(1)に該当した場合には、悪性新生物診断給付金額の２００％

ガン診断給付金を支払う場合（以下、「支払事由」といいます）

被保険者が次の各号のいずれかに該当したとき

(1)　責任開始期（復活の取扱いが行われた場合は、最後の復活の際の責任開始期。以下同じ）の属する日からその日を含めて90日を経過した日の翌日（以下、「ガン責任開始日」といいます）以後に、ガン責任開始日前を含めて初めて別表1に定めるガンのうち悪性新生物（以下、「悪性新生物」といいます）に罹患したと診断確定され、かつ、その悪性新生物が別表2に定める上位の進行度を示す病期（以下、「上位の進行度を示す病期」といいます）または、別表3に定める特定のガン（以下、「特定ガン」といいます）であると診断確定されたとき

(2)　ガン責任開日以後に、ガン責任開始日前を含めて初めて悪性新生物に罹患したと診断確定されたとき。ただし、(1)に該当したときを除きます。（以下、省略）

2　被保険者が、前項のガン診断給付金の支払事由(2)の規定により悪性新生物診断給付金が支払われた後に初めて上位の進行度を示す病期または特定ガンであると診断確定されたる場合

には、悪性新生物診断給付金額を支払います。（以下、省略）

・メットライフ生命・がん保険約款抜粋（ガードエックス）

がん治療給付金　悪性新生物治療給付金
保険金および給付金を支払う場合（以下「支払事由」といいます）
被保険者が次のいずれかに該当したとき
(1)（以下、省略）
(2) 責任開始日以降に、診断確定された悪性新生物について、別表8に定める最上位の進行度を示す病期（以下「最上位の進行度を示す病期」といいます）に該当すると医師により診断され、かつ、当該悪性新生物の治療の治療を目的として、その日以後に次のいずれかに該当したとき
① 病院または診療所における別表9に定める入院をしたこと
② 病院または診療所（ただし、患者を収容する施設を有しないものを含みます）における別表10に定める通院をしたこと

別表8

悪性新生物の種類
「ＴＮＭ悪性腫瘍の分類」にⅣ期を含んだ病期分類が記載されている悪性新生物（Ⅳ期が最上位の進行度を示す病期である場合に限ります）
病期分類および病期
「ＴＮＭ悪性腫瘍の分類」の病期分類上のⅣ期。
ただし、「ＴＮＭ悪性腫瘍の分類」の病期分類以外の病期分類に基づき病期が判定された場合において、その病期が、「ＴＮＭ悪性腫瘍の分類」の病期分類上のⅣ期と同等の内容であると認められるときは、その病気を最上位の進行度を」示す病期に含めて取り扱います。

このメットライフ生命の約款は、マニュライフ生命と同様に医師にとって診断が難しいと考えられるが、マニュライフ生命のように2回にわたる診断確定は必要としていない。メットライフ生命では、「最上位の進行度を示す病期」と診断確定されることが条件となっている。

この「最上位の進行度を示す病期」とは、例えば、胃がんや大腸がんの場合だとＴＮＭ分類のⅣ期、悪性リンパ腫の場合だとAnn Arbor分類のⅣ期などをいう。

なお、病期分類がないがんの種類は、(2)の最上位の進行度を示す病期には該当しないので、注意が必要だ。

重度のステージ（病期）の場合においては、経済的負担が重くなることを鑑みるとき、保障を厚くするというコンセプトは理にかなっている。しかし、客観的な診断基準は確立されていないし、約款での定義もないので、保険募集人や保険会社にしっかりと確認することをおすすめする。

＊ＴＮＭ分類

・ＴＮＭ分類には、①臨床分類、②病理学的分類がある。
① 臨床分類
がん治療を始める前に行われるＴＮＭ判定を「ｃＴＮＭ」といい、がん治療計画を立てる際に役立てている。ちなみにこの頭文字の「ｃ」は、clinical(臨床的）の「ｃ」のことである。
② 病的分類
手術などの治療を行ったあとの病理的な検査に基づく情報から分類され、「ｐＴＮＭ」といい、がんの進行度や状況に合わせた治療に役立てている。この頭文字の「ｐ」は、pathological(病理学的学）の「ｐ」のことである。

＊ＴＮＭ分類の６つの原則

・すべての部位適用される６つの原則
① 組織学的（顕微鏡的）な確証

② 二つの分類（臨床分類、病理学的分類）
③ ＴＮＭから病期を決定
④ 判定が難しいときは、低いほうの分類に
⑤ 一臓器に同時多発病ス巣↓最も高いＴ分類
⑥ 亜分類が存在

病期分類概論・院内がん登録室国立がん研究センターがん対策情報センター　ガン登録センター

このようなことからも、がん保険給付金支払いを巡って、トラブルに発展することが起きてきた。問題は、現在も、特段改善されてきたことはなく、現在進行形であるので、注意深く見守っていきながら、トラブルに巻き込まれないように対処していく必要がある。

セルフチェックをしてみて、読者が契約しているがん保険の中身はわかりましたか？

さて、いよいよ、次章でのがん保険ランキングですが、保険会社の優劣やがん保険の保障条件や補償範囲の優劣を観点にしていないので、ご注意いただきたい。

どこの保険会社のがん保険商品も一長一短があり、残念ながらここの保険会社が一番いいとは決められないのが実態である。

では、何のランキングかというと、がん保険約款のがんの定義、ＩＣＤコード（基本分類コード）、国際疾病分類腫瘍学、新たな分類提要への対応、がん診断確定方法の違いを明確にして、その内容のいいものの順番に並べたもので、読者には、必要な保障条件のがん保険を買っていただきたい。

第6章　がん保険ランキング

今回のランキングは、本書の「参照がん保険普通保険約款」のとおり、保険会社20社と1共済を対象にした。

がんは、「がん保険、特定疾病保障定期保険等、三大疾病保障特約」でカバーされている。

本書では、「日本で販売されているがん保険のすべて」を、対象にできなかったのは心残りだが、可能な限りのがん保険について検証を試みた。

今回、本書では、今までの保険商品比較をテーマにした様々な書籍などで取り上げられる基準や指標には重きを置かなかった。

すなわち、がん保険のパンフレットに記載されている見せかけの保障条件の広さや単純な保険料の安さだとか、コスパ（コストパフォーマンス）といった旧態依然とした基準や指標とは異をなしている。第三分野といわれる本書のテーマである「がん保険や医療保険」は、そういう物差しでははかれないからだ。

約款は、複雑になるだけではなく、医学的知識や知見が必須になるのだ。新人でキャリアが浅い社員では、公平な査定に支障をきたすことになる。査定の難易度は、死亡保険（定期保険、終身保険、養老保険など）と雲泥の差で難しくなる。

だからこそ、がん保険を買うと決めた読者にとって、がん保険を賢く買っていただくための一助として先鞭つけることができればという思いで、主観を一切はさまずに、約款の規定という基準だけで、敢えてランキングというカタチでは発表するものである。

【図表 15　がん保険ランキング】

順位	保険会社	がんの定義	ＩＣＤコード	総務省告示日	国際疾病分類腫瘍学	基本分類コード Ｄ４５～Ｄ４７.３など	新たな分類提要対応の有無	がん診断確定方法
１位	アフラック生命	A	ＩＣＤ-１０ 2013年版	平成27年2月13日	ＩＣＤ-０-３	○	○ 自動対応	病理優先
２位	三井住友海上あいおい生命	B	ＩＣＤ-１０ 2003年版	平成21年3月23日	ＩＣＤ-０-３	○	○ 自動対応	病理優先
３位	チューリッヒ生命	A	ＩＣＤ-１０ 2003年版	平成6年10月21日	ＩＣＤ-０-３	○	○ 条件つき	病理優先
４位	メットライフ生命	A	ＩＣＤ-１０ 2003年版	平成6年10月21日	ＩＣＤ-０-３	○	○ 条件つき	病理優先
５位	損保ジャパン日本興亜ひまわり生命	B	ＩＣＤ-１０ 2003年版	平成6年10月21日	ＩＣＤ-０-３	○	○ 条件つき	病理優先
６位	アクサダイレクト生命	A	ＩＣＤ-１０ 2003年版	平成21年3月23日	ＩＣＤ-０-３	○	×	病理優先
７位	ＡＩＧ富士生命	B	ＩＣＤ-１０ 2003年版	平成21年3月23日	ＩＣＤ-０-３	○	×	病理優先
８位	ＪＡ共済	A	ＩＣＤ-１０ 2003年版	平成21年3月23日	ＩＣＤ-０-３	○	×	病理優先
９位	オリックス生命	B	ＩＣＤ-１０ 2003年版	平成21年3月23日	ＩＣＤ-０-３	○	○ 自動対応	複数検査
１０位	マニュライフ生命	A	ＩＣＤ-１０ 2003年版	平成21年3月23日	ＩＣＤ-０-３	○	○ 自動対応	複数検査
１１位	朝日生命	A	ＩＣＤ-１０ 2003年版	平成6年10月21日	ＩＣＤ-０-３	○	×	病理優先
１２位	東京海上日動あんしん生命	A	ＩＣＤ-１０ 2003年版	平成6年10月21日	ＩＣＤ-０-３	×	×	病理優先
１３位	ソニー生命	B	ＩＣＤ-１０ 2003年版	平成21年3月23日	ＩＣＤ-０-３	○	×	複数検査
１４位	アクサ生命	B	ＩＣＤ-１０ 2003年版	平成6年10月21日	ＩＣＤ-０-３	×	×	病理優先
１５位	セコム損害	B	ＩＣＤ-１０ 2003年版	平成6年10月21日	×	×	×	複数検査
１５位	ジブラルタ生命	A	ＩＣＤ-１０ 2003年版	平成21年3月23日	×	×	×	複数検査
１５位	プルデンシャル生命	B	ＩＣＤ-１０ 2003年版	平成6年10月21日	×	×	×	複数検査
１５位	ＳＢＩ生命	B	ＩＣＤ-１０ 2003年版	平成6年10月21日	×	×	×	複数検査
１５位	日本生命	B	ＩＣＤ-１０ 2003年版	平成6年10月21日	ＩＣＤ-０-３	○	×	病理優先
２０位	共栄火災海上	C	ＩＣＤ-９	昭和53年12月15日	×	×	×	病理優先
２１位	東京海上日動火災（新規販売中止）	C	ＩＣＤ-９	昭和53年12月15日	×	×	×	病理優先

<がんの定義>

A：この契約において「がん」とは別表○に定める悪性新生物および上皮内新生物をいいます。
B：この契約において「がん」とは別表○に定める悪性新生物をいいます。（別表で対象となる悪性新生物に上皮内新生物を含めている）
C：この契約において「がん」とは別表○に定める悪性新生物をいいます。（別表で対象となる悪性新生物に上皮内癌を含めている）

<ＩＣＤコード>

ＩＣＤ－９（昭和53年12月15日発行）　厚生省大臣官房統計情報部編「疾病、傷害および死因統計分類提要、昭和54年版）

ＩＣＤ－10（2003年版）厚生労働大臣官房統計情報部編「疾病、傷害および死因統計分類提要、ＩＣＤ10（2003年版）準拠
・ＩＣＤ－10（2003年版）準拠　平成６年10月12日発行
・ＩＣＤ－10（2003年版）準拠　平成21年３月23日発行
・ＩＣＤ－10（2003年版）準拠　平成27年２月13日発行

国際疾病分類 - 腫瘍学第３版（ＩＣＤ - Ｏ - ３）⇨日本生命、共栄火災海上、東京海上日動火災　以外の 17 社および共済
International Statistical Classification of Diseases and Related Problems

国際疾病分類 - 腫瘍学(NCC監修）第３版（2012年改正版）（ＩＣＤ - Ｏ - ３）⇨日本生命
International Statistical Classification of Diseases and Related Problems

<新生物の性状を表す第５桁性状コード>

第５桁コード
／２　・・・上皮内癌 上皮内 非浸潤性 非侵襲性 ／３　・・・悪性、原発部位 ／６　・・・悪性、転移部位 悪性、続発部位 ／９　・・・悪性、原発部位または転移部位の別不祥

<悪性新生物の基本分類コード>

分類項目	基本分類コード
真正赤血球増加症<多血症>	Ｄ４５
骨髄異形成症候群	Ｄ４６
・鉄芽球を伴わない不応性貧血と記載されたもの	Ｄ４６．０
・鉄芽球を伴なう不応性貧血	Ｄ４６．１
・芽球過剰性不応性貧血	Ｄ４６．２
・白血病移行期にある芽球過剰性不応性貧血	Ｄ４６．３
・不応性貧血，詳細不明	Ｄ４６．４
・その他の骨髄異形成症候群	Ｄ４６．５
・骨髄異形成症候群，詳細不明	Ｄ４６．６
リンパ組織、造血組織および関連組織の性状不祥または不明のその他の新生物（Ｄ４７）のうち、	
・慢性骨髄増殖性疾患	Ｄ４７．１
・本態性（出血性）血小板血症	Ｄ４７．３
・ランゲルハンス細胞組織球症	Ｄ７６．０

（注）ＩＣＤ-10 改正に伴い、ＩＣＤ-10（2013 年版）に準拠した「疾病、傷害及び死因に関する分類」の一部改正が進められた。
その結果、３桁コード、４桁コードを併せて 49 の削除、184 の新設があり、その他のコードの変更や用語の適正化等を行った。

これらの中にあった「Ｄ76.0　ランゲルハンス細胞組織球症」は削除された。

このＤ76.0 コードは三井住友海上あいおい生命と日本生命で対応されていた。

【図表 16　年齢階級別死亡リスク（2014 年死亡データに基づく）】

部位 Site	性別 Sex	～39歳	～49歳	～59歳	～69歳	～79歳	生涯	何人に1人か
全がん All cancers C00-C96	男性 Males	0.2	0.6	2.0	6.6	15.1	25.4	4
	女性 Females	0.2	0.7	1.9	4.3	8.6	15.6	6
食道 Esophagus C15	男性 Males	0.0	0.0	0.1	0.4	0.8	1.1	91
	女性 Females	0.0	0.0	0.0	0.1	0.1	0.2	489
胃 Stomach C16	男性 Males	0.0	0.1	0.3	0.9	2.2	3.7	27
	女性 Females	0.0	0.1	0.2	0.4	0.8	1.7	60
結腸 Colon C18	男性 Males	0.0	0.0	0.2	0.5	1.1	1.9	52
	女性 Females	0.0	0.0	0.2	0.4	0.8	1.7	59
直腸 Rectum C19-C20	男性 Males	0.0	0.0	0.1	0.4	0.8	1.1	90
	女性 Females	0.0	0.0	0.1	0.2	0.3	0.6	175
大腸 Colon/rectum C18-C20	男性 Males	0.0	0.1	0.3	0.9	1.9	3.0	33
	女性 Females	0.0	0.1	0.2	0.6	1.2	2.3	44
肝臓 Liver C22	男性 Males	0.0	0.0	0.2	0.6	1.4	2.2	45
	女性 Females	0.0	0.0	0.0	0.2	0.5	1.1	92
胆のう・胆管 Gallbladder and bile ducts C23-C24	男性 Males	0.0	0.0	0.0	0.2	0.6	1.1	94
	女性 Females	0.0	0.0	0.0	0.1	0.4	0.9	109
膵臓 Pancreas C25	男性 Males	0.0	0.0	0.2	0.6	1.3	1.9	53
	女性 Females	0.0	0.0	0.1	0.4	0.9	1.6	63
肺 Lung, trachea C33-C34	男性 Males	0.0	0.1	0.4	1.5	3.6	6.1	16
	女性 Females	0.0	0.0	0.2	0.5	1.1	2.2	46
乳房(女性) Breast(Females) C50	女性 Females	0.0	0.2	0.5	0.8	1.1	1.4	70
子宮 Uterus C53-C55	女性 Females	0.0	0.1	0.2	0.4	0.5	0.7	143
子宮頸部 Cervix uteri C53	女性 Females	0.0	0.1	0.1	0.2	0.3	0.3	312
子宮体部 Corpus uteri C54	女性 Females	0.0	0.0	0.1	0.1	0.2	0.2	409
卵巣 Ovary C56	女性 Females	0.0	0.1	0.2	0.3	0.4	0.5	188
前立腺 Prostate C61	男性 Males	0.0	0.0	0.0	0.1	0.5	1.4	73
甲状腺 Thyroid C73	男性 Males	0.0	0.0	0.0	0.0	0.0	0.1	1503
	女性 Females	0.0	0.0	0.0	0.0	0.1	0.1	817
悪性リンパ腫 Malignant lymphoma C81-C85 C96	男性 Males	0.0	0.0	0.1	0.2	0.4	0.8	132
	女性 Females	0.0	0.0	0.0	0.1	0.3	0.5	189
白血病 Leukemia C91-C95	男性 Males	0.0	0.1	0.1	0.2	0.4	0.6	174
	女性 Females	0.0	0.0	0.1	0.1	0.2	0.4	279

出所：加藤憲一ら、日本におけるがん生涯リスク評価、厚生の指標　52:21-26,2005

【図表 17　がんを防ぐための新 12 か条】

がんを防ぐための㊪12 か条

あなたのライフスタイルをチェック
そして今日からチェンジ！！

Cancer Prevention
12 new tips to reduce your risk of cancer
Check and improve your lifestyle today

1条　たばこは吸わない	1. Don't smoke
2条　他人のたばこの煙をできるだけ避ける	2. Avoid passive smoking
3条　お酒はほどほどに	3. Drink in moderation if you choose to drink alcohol
4条　バランスのとれた食生活を	4. Eat a balanced diet
5条　塩辛い食品は控えめに	5. Eat less highly salted foods, use less salt
6条　野菜や果物は不足にならないように	6. Eat lots of vegetables and fruits
7条　適度に運動	7. Be physically active in your daily life
8条　適切な体重維持	8. Maintain an appropriate weight during adulthood (do not gain or lose too much weight)
9条　ウイルスや細菌の感染予防と治療	9. Learn to avoid viral and bacterial infections that can cause cancer Get tested to determine your infection status and, if infected, receive necessary treatment
10条　定期的ながん検診を	10. Schedule regular cancer screening
11条　身体の異常に気がついたら、すぐに受診を	11. Be sure to consult your doctor without delay if you have any possible sign or symptom of cancer
12条　正しいがん情報でがんを知ることから	12. Get information about cancer, from reliable sources

出所：がん研究振興財団 (2011 年発表)

第7章　原発と放射線とがん、そしてがん保険

1　何1つ残さずに

人類の繁栄とがん

がん……英語では「蟹」を意味するカンサー（Cancer）……、日本人にとって「がん」は、特別な響きがする。「癌」という漢字になると、死に直結する恐ろしさを増して表現しているかのようだ。

がんが特別なのは、人を必ず死へと導く恐ろしい疾患であると知っているからだ。人類は、このがんに、4000年にわたり苦闘しながらも挑み続けてきた。そして、今現在も、未来に向けてその歩みを止めることなく続けられている。

がんという疾患を捉えようとする医学的、文化的、そして隠喩的な試みの下には、がんに関する生物学的な解釈が波打っている。そして、その解釈自体が時代とともに劇的に変化してきた。

無秩序で無制限な1個の細胞の増殖からすべてが始まるがん細胞は、ゆっくりと倍々で増殖を繰り返していく。このような増殖は、無秩序で無制限な細胞増殖を煽り立てるような遺伝子変異によって引き起こされることで、解き放たれる。

正常細胞なら、強力な制御機能により、細胞分裂や細胞死をコントロールしている。しかし、この強力な制御機能……、壊れたがん細胞では、強力な制御機能を失っているために、がん細胞は増殖を止められない。

このようにして、増殖を繰り返し、１００万個の細胞魂になると、がん細胞の大きさが1㎝ほどになる。しかし、この段階では、ＣＴ検査、ＭＲＩ検査、ＰＥＴ検査、マンモグラフィー検査などでもがんを発見することは困難となる。その後、がん検診などでがんが見つかるためには、ここから20～30年もの時間を必要とする。

かつてペルシアの王妃アトッサは、アケメネス朝ペルシアの創始者であるキュロス二世の娘で、キュロス二世のあとに王の座についたダレイオスの妻である。

アトッサは、乳房のリンパ管に、がん細胞が浸潤すると赤く腫れたしこりを発症させる、とりわけ悪性度の高い「炎症性乳がん」を疑わせる出血性のしこりに気づいた。

アトッサの治療は試みられたが、どれもうまくいかなかった。

最終的には、ギリシャ人奴隷医師に説得されて、おそらくはナイフで乳房を切り落とさせたアトッサの心と望み……。アトッサの言葉を借りれば、それは「何1つ残さずに」だった。

これには、「根治的乳房切除術（ハルステッド手術）」を行った19世紀のアメリカ人外科医・ウィリアム・ハルステッドの欲求や思いと、ベクトルが一致する。より大きく切除をすれば、根治できるので、より多くの患者の命を助けるという信念の下、より広範囲の患者の身体の外見を悪くするハルステッド手術で、がんとその周辺の正常組織を次々と切除していったのである、このハルステッド手術は、治療法がなかった時代での「救世主的な手術」として全世界に広まり、標準的な治療の座についた。しかし、ハルステッドが行った「ハルステッド手術」の成績は芳しくなく、その半数の症例で5年以内にがんが再発したのである。

日本では、「患者よ、がんと闘うな」の著者の近藤誠医師により、ハルステッド手術のような大胸筋や骨まで切除しない「乳房切除の方法」や、その乳房までも残す「乳房温存療法」が広められて今日に至っている。

乳がんと牛乳

根治的乳房切除術がボルティモアで細々と誕生した1891年から、がん完治に向けた探求は大きく1歩前進したものの、あえなく元の位置に同じくらい大きく1歩後退した。

がんの最終的な生存率というのは、外科医が乳房をどれだけ広く大きく切除したかということではなく、手術前にどれだけがんが広がっているかが問題なのである。根治術の最も熱心な反対論者の1人だったジョージ・クライルは、次にように述べ、手術を行うこと自体に疑問を呈した。

「腫瘍を取り除くために筋肉までも取り除かなければならないほどがんが進行しているなら、がんはすでに全身に広がっているはずだ」。

しかし、1907年までの16年間に、アメリカの大きな外科学会の表舞台の中央に登り続けたハルステッドは、そのことに気づきながらも、断固として現実を直視せずに1907年の論文の中で次のように述べている。

「たとえはっきりとした証拠がなくとも、できるだけ多くの症例に鎖骨上鷹窩リンパ節郭清を行うのは、外科医に課せられた義務であると考える」と、陳腐な警句へと逆戻りした。

その後、ハルステッドは、自問自答を繰り返した後に、その関心は胸腔の臓器、甲状腺、大動脈などに移ってしまい、革新的で優れた手術法を編み出していった。しかし、自分の名前を冠した、「威厳と欠陥」にあふれた手術に関しては、２度と論文を書くことはなかった。

女性の「性と生」を真正面から、しかも知らぬまに突然襲ってくる乳がんという疾患は、それが原因で命を落とすかもしれないし、乳房を失うかもしれない。しかも、夫や家族、親族あるいはパートナーまでにも影響が広がるのである。まさに青天の霹靂ともいえるこの乳がんは、人間関係やこれからの人生そのものを揺るがす一大事なのだ。

序章の中で、北斗晶さんや小林真麻央さんの乳がんのことについて触れたが、ほかにも、だいたひかるさん、麻木久仁子さん、南果歩さん、生稲晃子さんなど、乳がんを罹患した芸能人、有名人や著名人はたくさんいらっしゃる。

その度に、マンモグラフィー検査を定期的に受けてきたが、発見が遅れたと……。だからこそ、まめに受診をしてほしいと、テレビなどのマスメディアで呼びかけられる。受診するのは義務？と思わせるくらいのようなニュースになるし、乳がんに関する最新の遺伝子研究や検査・治療法は盛んに喧伝され、そして、医療費の急上昇に繋がっていく。

乳房は、主に脂肪と乳腺組織からできていて、乳腺組織が多く存在している状態を「乳腺濃度が高い」という。マンモグラフィー検査では、乳腺組織や腫瘤（しこり）は白く写るため、「乳腺濃度」が高い女性ほど腫瘤を見つけにくくなる。

ちなみに、「乳腺濃度」が高い乳房のことを、英語でデンブレスト（dense breast）というが、日本人は欧米人と比べて乳腺濃度は高い。特に20～30代の若い女性の場合（まれに40代でも高いまというケースがある）は、マンモグラフィー検査よりも超音波検査が適しているといわれている。

いずれにしても、乳がん検診において、がんの有無を知ることは大切なことだが、自分の「乳腺濃度」知ることは、とても重要なことである。

そういった意味で、若い年代で1度、マンモグラフィー検査を受けておくことは有意義といえる。最近では、より腫瘤を見つけやすくするために、３次元のマンモグラフィー検査装置が開発されている。立体的に細分化された映像を撮れるので、見つけやすくなるのではないかと思われる。

遺伝性乳がんでは、アメリカの女優のアンジェリーナ・ジョリーさんが、遺伝子検査の結果を見て、乳房の予防的切除手術を受けたことは有名な話だ。遺伝性のがんは、５～10％程度なのだが、心配な人は、遺伝カウンセリングを医療機関で受けることできる。

よくいわれるが、がんと高齢化は、１９５０年以降平均寿命は比較的安定している中で、乳がんの発症率は高い。乳がんの発症率が非常に大きく高まってきたのは、大規模にマンモグラフィー検査が導入される前のことである。そして、乳がんが見つかったときには、病期（ステージ）が進行していることも多い。また、乳がんは、リンパ節や肺、骨、肝臓、そして脳への転移がしやすい。

乳がんのリスク要因は、本書の序章に述べているように様々ある。これらのリスク要因を軽減するなどのがん予防ができるにもかかわらず、製薬業界や放射線業界などの各業界団体の手前、早期発見、早期治療、遺伝子検査が最優先され、マンモグラフィー検査が推奨されてきた。

「厚生労働省人口動態統計［確定数］より（２０１６年9月18日発表）」によると、女性の乳がん死亡者数は、１万３５８４人と前年より３４４人増加した。

日本では、罹患数が一番多い女性のがんの中で1位になった乳がんは、そう遠くない将来、死亡数の1位に」なるだろうと推定されている。

食生活や生活習慣が深くかかわってくる疾患なので、リスク要因に近寄らないこと、遠ざけることが、乳がんから身を守るために必要なことである。

乳がんに影響する代表的な飲食物として、「牛乳とパン」とが挙げられる。関心があれば、「乳がんと牛乳」、「医者はなぜ、乳がんの「予防法」を教えないのか」、「長生きしたけりゃ、パンは食べるな」、「「いつものパン」があなたを殺す」などなど、たくさんの本がでているので、まだお読みでなければおすすめする。

血液化膿症……白血病

がんの中でも特別なのが白血病で、巨大な多数の白血球（医学用語では「芽球」と呼ばれる血球）

が充満する疾患である。最も深刻で、暴力的な悪性腫瘍の1つである。

白血病が発見されて以来、ずっとその研究の歴史は、混乱と絶望に満ちていた。

1845年3月19日、スコットランドの医師ジョン・ベネットは、脾臓に不可解な腫れ物ができた患者と向き合っていた。症状は、発熱や突然の出血の後の腹部の痛みなど、徐々に早いサイクルでいろいろな症状になり、やがて亡くなった。その後の剖検でいろいろな症状になった患者を診ると、血液は白血球でいっぱいになり、全身の血管系に隈なく形成される「真の膿」の存在を示唆していた。白血球は、膿の主な構成成分である。その増加は、一般的に感染症を示唆するため、ベネットはこの患者が感染症になったと考えた。

しかし、ベネットは、膿の源を見つけることはできなかった。剖検の間も注意深く組織や器官の隅々まで、膿瘍や傷がないかと探ってみたが、血液以外に感染症を示唆する変化はどこにも見当たらなかった。

血液は、自らの意思で腐敗し、すなわち化膿し、自発的に「真の膿」になったとベネットは診た。ベネットは、それ以上追求せずに、この症例に「血液化膿症」という仰々しい名前をつけて終わらせた。

そのわずか約4か月後、ドイツの研究者・ルドルフ・ウィルヒョウは、ベネットと酷似した症例を報告した。患者の剖検を担当した病理医たちは、爆発的に増えた白血球の充満したドロドロとした濃密な液体が脾臓に溜まっていた。顕微鏡を覗かなくても、白血球の上に浮かんだ濃厚な乳白色の白血球を見分けたに違いない。数々の不可解な症状に、著しく肥大した脾臓の説明ができなかった。

その膿の原因が一切見当たらない中で、ウィルヒョウは、血液そのものの異常によって引き起こされるものと考え始めた。「ヴァイセス・ブルート」、白い血の病気……。「白血病」と名づけた。

１９８０年代初めのゲイ関連免疫不全（ＧＲＩＤ）が、後天的免疫不全症候群（ＡＩＤＳ）改名されたことと同じように、血液化膿症が「白血病」に改名されたことは、その疾患を理解する上で大きな1歩となった。

ウィルヒョウは、すべての動物や植物と同様に人体は細胞でできていることと、細胞は細胞からしか生まれないという「細胞説」を打ち出した。成長には、細胞の数を増やす「過形成」と、細胞のサイズを増やす「肥大」の２つの様式がある。前者は肝臓や血液、消化管、皮膚の細胞が、細胞を生み、さらに多くの細胞を生む。後者は脂肪や筋肉が細胞の数は変化せず、個々の細胞のサイズが大きくなる。

このような成長は、病的な成長も「過形成か肥大」によって起きており、がんは細胞が自発的な意思を獲得して分裂増殖する病的過形成である。ウィルヒョウは、この成長を「新形成」と呼んだ。

その後、ウィルヒョウが亡くなった１９０２年頃には、がんの理解が深まり、白血病は「血液化膿症」ではなく、血液の「新形成」であると考えられるようになった。つまり、白血病というのは、血中に白血球が異常増殖した病気であり、血液の悪性腫瘍であると。

白血球は、成人では唯一の造血をする臓器である骨髄でつくられる。その異常増殖した白血球により白血病になるのだが、次のようにいくつかの種類があることが明らかにされた。

① **慢性白血病**

骨髄と脾臓を徐々に詰まらせていく慢性で進行の遅いタイプ。

② **急性白血病**

発作的な発熱や出血、さらに恐ろしくスピードの速い細胞の過剰増殖を特徴する、急性で激しいタイプ。

＊急性骨髄性白血病（ＡＭＬ）……骨髄系細胞の悪性腫瘍
＊急性リンパ性白血病（ＡＬＬ）……未熟なリンパ系細胞の悪性腫瘍

ちなみに、成熟したリンパ系細胞の悪性腫瘍は、リンパ腫と呼ばれる。

小児白血病に多いのは、急性リンパ性白血病（ＡＬＬ）だが、瞬く間に小児の命を奪った。ウィルヒョウが亡くなった1年後の１９０３年に、ニューヨーク州のバッファローで生まれた小児科医のシドニー・ファーバーは、１９４７年にがんの世界に足を踏み入れた。

白血病細胞を数えていろいろな治療のアプローチができ、その治療効果を測定でき、すぐに評価できるとファーバーは考えた。すなわち、白血病と他のがんとの特徴的な違いは、測定ができることにある。

１９４０年から１９５０年代にかけて若い生物学者たちを活気づかせていたのは、複雑な現象を理解するには基礎から組み立てていくこと、単純なモデルを使って複雑な現象を理解するという考え方だった。細菌のような単細胞生物が、ヒトのような大きな多細胞生物の生体機能を解き明かすはずだと…。

ファーバーは、白血病こそそんな生物学的パラダイムの典型だと考えた。この単純で異型のけだものを研究することによって、白血病以外のがんのより複雑な世界を推定できるはずだと、化学物質や実験を相手にますます個人的な闘いを続けた。

化学療法……シドニー・ファーバー

１９４０年代末には、アメリカでは次々と新薬が開発されていた。その中でとりわけ重要だったのが、抗生物質だった。この新しい抗生物質が、ペニシリンに続きクロラムフェニコールが、テトラサイクリンが、ストレプトマイシンが登場した。さらに、培養していたポリオウイルスが、後のポリオワクチンの開発へとつながっていった。

１９２６年には、心臓病に次ぐ死因の第2位なっていたアメリカ社会だったが、ファーバーが化学物質を使った実験を開始するほぼ1年前の１９３７年5月に、雑誌〈フォーチュン〉に、がん医療の「全景」に関する記事が載った。

がん――壮大な闇
「治療や予防に向けた新たな治療指針というものがいまだに打ち出されていないのは、驚くべき事実である……治療法自体より効率的でより人道的なものになった。麻酔も無菌法もなしの荒っぽい手術は、より洗練された技術を用いた近代的な無痛手術に取って代わられた。かつてがん患者の肉を浸食した腐食薬は、X線とラジウムを使った放射線治療法の登場によってすたれていった……だがいまだに、がんを治療させるための治療指針は、たった2つしかないのが現状だ——がん組織を取り除き、破壊するという指針しか（前者は手術で、後者はX線で）。それ以外の方法の有効性は、全く証明されていない」

病の皇帝「がん」に挑む　人類4000年の苦闘　上　シッダールタ・ムカジー箸

白血病は、治療薬を持たない内科医、血液を手術できない外科医から見捨てられた疾患である。第二次世界大戦前は悪性腫瘍ですらなかった白血病は、「血液学」に属した。白血病の治療法を見つけるとしたら、血液の研究によってだった。葉酸が欠乏すると骨髄での造血を停止させる。そして、未熟な血球が大量につくられ、詰まらせてしまう。よって、骨髄は、正常に機能しなくなった。このような関係性について、1946年初夏にファーバーは、ビタミンと骨髄と正常な血液との関係に着目していた。

当時は、化学療法が「抗がん剤」という意味で使われたことはなかったが、がんを抑える化学物資のビタミン拮抗薬という複雑な薬剤を思い描いていた。そして、1947年晩夏、「葉酸拮抗薬」・プテロイルアスパラギン酸（PAA）が、ファーバーの研究室に、ニューヨークのレダリー研究所から届けられた。その後の１９４７年12月28日に、ＰＡＡの構造をわずかに変化させた新しい葉酸拮抗薬・アミノプテリンが届けられた。

白血病の歴史の中で前例のない「寛解」になった。しかし、数か月の寛解の後で、悪性腫瘍は必ず再発して亡くなった。しかし、一時的であっても、寛解になったことは歴史的に画期的な出来事だった。

ファーバーのチームは、１９４８年４月、〈イングランド・ジャーナル・オブ・メディシン〉に論文を発表した。16例の治療のうち10例が治療に反応して、５例は診断後４か月、ときに６か月も生存した。白血病という疾患にとっては、この６か月は永遠ともいえることだった。

2　レントゲンがすべての始まり

ヴィルヘルム・レントゲンが名づけたＸ線（レントゲン）

ハルステッドが、ボルティモアで根治的乳房切除術を発表した１８９５年10月末のことだった。その数か月後の１８９５年12月28日に、ドイツのヴェルツブルグ大学教授のヴィルヘルム・レントゲンは、電子管（電極から電極へ電子を放出させる真空管）を用いた研究中に奇妙な放射に気づいた。

電子管を覆う黒いボール紙を透過して、たまたま机の上に置かれていたシアン化バリウムを塗った蛍光紙を光らせた。そこで、レントゲンは、妻のアンナに手を写真乾板の上に置かせて照射したところ、手の内部の構造が見えた。

このことを明らかにしたのは、1896年1月23日のことだったが、この光線は「X線」（別名レントゲン）と名づけられた。

アンリ・ベクレルが発見したウラン

1896年のレントゲンの発見の数か月後、フランスの科学者のアンリ・ベクレルは、自然界に存在する物質のウランからレントゲンの発見した「X線」と同様の性質を持つ、目に見えない光線を放出していることを発見した。このプラスの電気を帯びている光線（アルファ線）である放射線を放射能と名づけた。

ピエールとマリ・キューリー夫妻が発見したラジウム

ベクレルの友人であるピエール・キューリーとマリ・キューリー夫妻は、より強力なX線の源を求めて自然界を走りまわっていた。

1880年なかば、ピエール・キューリーは、ごく小さなエネルギーでも計測できる「電位計」という測定器をつくった。そして、マリ・キューリーが、この電位計でウラニウム鉱石から放出されるかすかな放射線でも計測できることを発見した。

キューリー夫妻は、この測定器を持ってX線の未知の源を探し回ったところ、1902年にウランの何倍も強い放射線を出している新しい元素を見つけた。そして、泥状の塊を濾過して10分の１グラムの新たな元素の分離に成功した。その金属は、崩壊しながら非常に強力なＸ線を放出するため、暗闇では美しい青に光った。

マリ・キューリーは、この前に発見した放射性元素を故郷のポーランドに因んでポロニウムと名づけた後、美しい青に光るこの崩壊してエネルギーに姿を変え放射線を出す物質の新しい元素を、「光」を意味するラジウムと名づけた。

１平方キロメートルの濃度を測る場合にキューリーを使い、食品などに含まれる小さな量を測る場合にベクレルを使う。１キューリー＝370億ベクレルで換算される単位である。また、後にベクレルとキューリー夫妻の３人が、1903年度のノーベル物理学賞を受賞している。

相次ぐ死

＊化学者キューリー夫妻とある男

Ｘ線は、肉と骨を透過してフィルムに組織の陰影を残した。実験を繰り返したマリ・キューリーの手は、痛み出し、まるで内部から火傷したかのように黒くなって皮がむけた。

そして、マリ・キューリーの骨髄は慢性の貧血状態に陥り、1934年7月4日に慢性白血病に罹患して亡くなった。

夫のピエール・キューリ―は、胸のポケットに入ったままだった数ミリグラムのラジウムが、彼の分厚いツイードに穴を開け、その胸に生涯消えない瘢痕を残した。

ある男が、縁日でなんの遮蔽もせずにラジウム入りの機械を使って「魔法」の出し物を行っていた。次第に唇に水膨れ、頬の皮膚と爪が剥がれ落ちた。皮膚、唇、歯肉、爪などに障害を受けたが、X線は人体の中で最も分裂が盛んな細胞を優先的に殺す。

＊医学生エミール・グラッペ

X線発見のほぼ1年後の１８９６年に、アメリカ・シカゴの21歳の医学生エミール・グラッペは、X線をがん治療に使うことを思いつき、細胞死の理論をがん治療に当てはめた。１９８６年３月29日、シカゴのハルステッド・ストリートとグラッペは、年配の乳がん患者のローズマリーに放射線で照射治療を始めた。その結果、腫瘍が潰瘍をつくり硬くなって縮んだ。このX線を使っての治療は、歴史上初めて記録された治療反応例となったが、数か月後に亡くなった。

グラッペは、X線管をつくる工場で被曝し、その後も低線量のX線にさらされ続け、慢性被曝による晩発性障害に苦しみ１９６０年に、全身に多種類のがんが転移して亡くなった。85歳の生涯だった。

＊エジソン助手のクラレンス・ダリー

レントゲンのX線発見に触発されたエジソンは、１８９６年にX線画像を見ることができるX線透視装置を発明した。

その実験台にされた助手のクラレンス・ダリ―は、両手、両足に何度もX線を浴びたために皮膚がんに罹患した。そして、両手、両足を手術で切断されたあと、この皮膚がんが原因で亡くなってしまった。

このことによりエジソンは、初めてX線の危険性に気づいて、一切のX線の研究をやめることになった。

がんのX線治療の問題点

グラッペは、X線が局所治療のみ有効で、転移したがんには効果がないことがわかった。

① X線は、局所的にしか照射できないため、すでに転移したがん治療には適さない。

② 放射線によって新たながんが発生した。

日本の原子力開発

南太平洋の島エニウェイクを吹き飛ばした人類の初の水爆実験（広島原発の700発分）が行われたのは、1952年10月31日のことだった。その約1年後の1953年8月12日には、ソ連が行ったシベリアでの初の水爆実験が、1954年3月1日には、マーシャル諸島ビキニ環礁でアメリカの2度目の水爆実験が行われた。

このマーシャル諸島ビキニ環礁での水爆実験の翌日に、改進党・中曽根康弘、斉藤健三の両議員が、学界や世論を無視して、原子力予算案を衆議院に突如提出した。与野党三党（自由党、日本自由党、改進党）の共同修正案として衆議院通過させて成立した後、これが参議院でも自然成立した。原子力予算は、３億円で、その内訳は、ウラン２３５に因んだ2億3，５００万円のほか、ウラン資源調査費、資源や利用開発のための費用であった。

水力発電と石炭火力発電の時代で、これから火力発電に移行していこうとしていたタイミングだったので、電力会社も電力需要をまかなうことで精いっぱいで、原子力にほとんど関心がなかった。このような時代背景に、日本の原子力開発がスタートしたのである。

マーシャル諸島ビキニ環礁での水爆実験による「第五福竜丸被ばく事件」をきっかけに、日本で原水爆禁止の大運動のさなか、「放射線の人体への影響、放射線による人体の障害の予防、診断と治療、放射線の医学的利用に関する研究開発などの業務を総合的に行い、放射線医学に関する科学技術の水準の向上を図る」ことを名目にして、１９５７年7月に放射線医学総合研究所（放医研）が設立された。

１９５９年に岸信介（佐藤栄作の実兄）が、日本最初の商業用原子炉を東海発電所（茨城県）に決定した。

原子力エネルギー委員会（ＡＥＣ　Atomic Energy Commission）の思想を、そのまま取り入れて原子力産業をスタートさせた日本政府の原子力推進の基礎的な思想は、１９６４年5月27日に、科学技術庁官・佐藤栄作（安倍首相の大叔父）を委員長とする原子力メンバーが、次のとおり策定していた。

原子炉立地審査指針
第一項「原子炉立地審査指針」の２「立地審査の指針」２-２は、原子炉発電所を建設する場所を定義している。
・原子炉からある距離の範囲内であって、非居住区域の外側の地帯は、低人口地帯であること。
ここにいう「ある距離の範囲内」としては、仮想事故の場合、何らの措置も講じなければ、範囲内にいる公衆に著しい放射線災害を与えるかもしれないと判断される範囲をとるものとし、「低人口地帯」とは、著しい放射線災害を与えないために、適切な措置を講じうる環境にある地帯（例えば、人口密度の低い地帯）をいうものとする。

要するに、アメリカのネバダ州での核実験のときの取決めと同じルールで、人口密度の高い大都市には原子炉を立地してはいけないという指針であった。つまり、原発事故は起こり得ることなので、低人口地帯である過疎地なら、著しい放射線災害を受けても仕方がないということにしていた。

そして、この2年後の１９６６年7月25日に、９電力会社が出資・設立した原子力専門企業の日本原子力発電株式会社（原電）によって、日本最初の商業用原子炉となる「東海村原子炉」が運転を開始した。

その後の1970年3月14日、大阪万博の開会日に合わせて、原電の福井県・敦賀原発1号機が運転を開始した。続いて、1970年11月28日に電力会社初の原子炉として、関西電力の福井県・美浜原発1号機が運転開始をし、さらに、1971年3月26日に東京電力の福島第一原発1号機が運転を開始した。この福島第一原発が、2011年3月11日に発生した東日本大地震とその津波の影響で後日に爆発したのであった。

プルトニウムMOX燃料と元福島県知事

1970年代から、原発から出る使用済核燃料をどう処分するかは国家的な課題であった。原発の軽水炉でウランを燃やすと、核分裂反応でプルトニウムが発生する。プルトニウムは、核兵器に転用可能なので、これが日本で増えていくことを、原子力協定を結んだアメリカを含む世界各国が問題視していた。この行き場のない核のゴミ問題とプルトニウムの問題は、核燃料サイクル構想として、高速増殖炉もんじゅの建設に着工したのが、1985年10月のことだった。1994年4月には臨界に成功したものの、1995年12月8日に大事故を起こした。

その後、運転は休止されていたが、事故を起こした動燃から核燃料サイクル開発機構（核燃機関）に代わり、日本原子力研究所（原研）と合併して、日本原子力研究開発機構（原研機構）と名前を変えた。この原研機構が2010年に運転を強行再開したものの、休止され現在に至っている。

このプルトニウムＭＯＸ燃料を、福島第一原発に使うべく福島県知事に要請したが、佐藤栄佐久知事はプルトニウムＭＯＸ燃料に対して、反対しきったため辞任に追い込まれ、東京地検特捜部が動き、収賄罪容疑で逮捕された。そして、高裁判決は収賄額０円で、懲役2年、執行猶予4年だった。

結局、このプルトニウムＭＯＸ燃料は、福島第一原発３号機で使われていたため、２０１１年３月12日に１号機が水素爆発を起こした。続いて14日に３号機が核爆発と推定される大爆発を起こした。この３号機から放出された大量のセシウム１３７は、地球上から永遠に消滅しない放射線なのでその影響が懸念されている。

放射能・放射線と保険

＊損害保険約款

① 保険金のお支払いできない規定は次のとおりとなっている。

核燃料物質（注１）もしくは核燃料物質（注１）によって汚染された物（注２）の放射性、爆発性その他の有害な特性またはこれらの特性による事故

② ①の事由に随伴して発生した事故またはこれらに伴う秩序の混乱に基づいて発生した事故

③ ①以外の放射性照射または放射能汚染

（注１）核燃料物質には使用済燃料を含みます。

（注2）核燃料物質によって汚染された物には原子核分裂性成分を含みます。

＊生命保険約款

生命保険約款には、損害保険のように保険金（給付金）をお支払いしてもらえない規定はない。したがって、放射線が原因でがんになっても給付金はお支払いしてもらえるし、死亡保険で放射線が原因で死亡しても保険金はお支払いしてもらえる。

悪性新生物や上皮内新生物の増加に伴う影響

福島第一原発事故により放出され続けている放射能・放射線の影響、環境汚染物質、飲食物の添加物、食生活習慣、生活習慣、高齢化、がん検診の増加などなどのリスク要因から、がんは増えることはあっても減ることはないだろう。

特に、がん検診などで上皮内新生物として発見されるケースは、悪性新生物として発見されるより多いので、がん保険全体の給付率は増加している。

今後、予想されることは、本書の序章に述べているとおりだが、まとめると次のとおりになる。

①　保険給付金支払いの増加
②　保険料の収支が合わなくなることによる保険料訂料による値上げ

③　がん保険に入る前に、がんに罹患してしまいがん保険に入れない
④　人口減少に伴うがん保険契約者の減少
⑤　保険料訂料に伴う契約離れ
⑥　それでも保険料の収支が合わなくなることによるがん保険の販売中止

あくまで可能性を述べただけなので、完全にがん保険がなくなることはないだろうと考えている。しかし、多くの日本人にとって、原発の再稼働が進められている日本社会において、もし、大地震が日本列島を襲ったらどうなるのだろうか？

安倍政権は、原発の再稼働を強く推進していて、ドイツのように原発を止める考えは全くないのが残念でならないというか悔しい。未だに原発は安全だと言い切る安倍首相は、福島第一原発の事故による影響で甲状腺がんになってしまった多くの子供たちがいるにも関わらず、その原因が原発にあるということを一切認めない。

人の力では何も解決ができないことは、福島第一原発事故により放出された放射能・放射線は示した。そのような結果を受けても、原発は安全と言い切る安倍首相は、今後日本列島に大地震が発生し、福島第一原発のように放射能・放射線をばらまく事態になったら、どのような責任をとるのだろうか！

がんは身近な存在である。明日はわが身である。がんリスクは、あやふやながん保険を契約して備えるのではなくて、予防から始めて、貯蓄でリスクを保有しよう！　今こそ考えるときである。

おわりに

私達が生きていく上で必要な情報は、世の中に必要以上にあふれているが、本当に必要だと信頼してきた大切な情報が実は誤りであったりすることがある。

結果、損害を被るほうは、情報を管理運営して流している側でなく、受けて利用した側と相場が決まっている。

つまり、現場にいる多くの人間が、生きるために必要な生命や、その支えになるお金の損失の危険にさらされている。ふと、周囲を見渡せば、医療、年金、食糧、水、原発、放射能・放射線、そして、銀行・保険などの金融機関……。ある特定の人間や団体の既得権益の保持のために誤った情報が流され続けていると考えたことはないだろうか？

がん保険の販売に際して、ほとんどの保険会社の社員や保険募集人が、保険契約者に伝えてこなかったことがあることが、おわかりいただけたことと思う。

２０１６年5月29日に施行された改正保険業法により、保険募集人を取り巻く環境が厳しくなった。しかし、がん保険の販売に際して、保険募集人が消費者に伝えることは、「がん診断給付金は診断確定なのか、それとも入院治療が必要なのか、複数回支払いはどうなのか、上皮内新生物はどうなのか、そしてその給付金や保険金はいくらなのか、放射線治療、抗がん剤治療、ホルモン剤治療・先端医療、それに保険期間や保険料など……」のがん保険の表面上の条件、そして契約手続に終始した説明しか受けていない保険契約者が多いのではないだろうか？

筆者は、現役の保険募集人でありながら、個人の医療・がん保険にはできるだけ入らずに、予防しながら貯蓄をしてほしいと考えている。そのことは、前著の「保険は危険がいっぱい！」（セルバ出版）の中で述べているので、ぜひお読みいただきたい。でも、どうしてもがん保険が必要と考える読者もいると思う。

本書では、がん保険について、がんと密接な関係のある原発、放射能・放射線、食糧とも絡めて、読者にどこの保険商品が読者にとっていいのかを客観的にお伝えさせていただいた。そして、読者の価値観の合ったがん保険を選んでほしい。

がん保険は、誰でも簡単に買うことができてしまうが、がんになっても保険の支払対象になるか否かの判断が難しい保険商品でもある。

拙著が、読者のがん保険のご理解と保険選びのお役に立てることになれば、幸甚である。

２０１７年４月

菊地　勉

《参照がん保険普通保険約款》

Aタイプ普通保険約款

・「アクサダイレクト生命」がん保険（終身型）平成27年6月22日改訂　2015年9月版
・「朝日生命」5年ごと利差配当付新がん保険（返戻金なし型）平成18年4月3日改正　平成24年4月2日実施
・「アフラック生命」新生きるためのがん保険Days　がん保険（低・解約払戻金2014）2016　年3月版
・「JA共済」NEWがん共済　約款識別記号GAN16A　平成28年4月版
・「ジブラルタ生命」終身がん保険（無配当）前改2014年10月　2015年10月版
・「チューリッヒ生命」無解約払戻金型　終身ガン治療保険（抗がん剤等保障）平成28年9月1日改正
・「東京海上日動あんしん生命」無解約返戻金型がん治療支援保険NEO　平成24年2月2日改正
・「メットライフ生命」終身ガン治療保険GuardX（ガードエックス）平成25年8月2日実施　2016年4月　Ver.4

Bタイプ普通保険約款

・「ＡＩＧ富士生命」がんベスト・ゴールドα無解約返戻金型　悪性新生物医療保険（２０１４）
・「アクサ生命」がん治療保険（無解約払い戻し金型）　２０１５年11月改訂　２０１６年３月版
・「ＳＢＩ損害保険」がん治療費用保険（自由診療タイプ）　２０１３年２月版
・「オリックス生命」Believe（ビリーブ）無配当新がん保険（２０１０）　２０１６年５月版
・「ソニー生命」終身がん保険（０８）無配当（２０１６年10月版）
・「損保ジャパン日本興亜ひまわり生命」勇気のお守り　がん保険（２０１０）２０１６年５月２日
・「セコム損害保険」自由診療保険ＭＥＤＣＯＭ（メディコム）新がん治療保険　２０１４年４月改訂
・「日本生命」がん医療保険（有配当２０１２）ニッセイみらいのカタチ　平成28年３月版
・「マニュライフ生命」こだわりガン保険　無配当保険料払込期間中無解約返戻金型終身ガン診断保険　平成28年５月改正
・「プルデンシャル生命」がん診断保険（無配当）　２０１６年10月14日登録
・「三井住友海上あいおい生命」新がん保険α（無配当）　２０１６年５月版

Cタイプ普通保険約款

・「東京海上日動火災」がん保険　２００４年10月１日以降始期用
・「共栄火災海上」がん保険　がん保険［10年契約用］２０１６（平成28年）年5月
以上、20社の保険会社&ＪＡ共済

《参考文献》

・「病の皇帝「がん」に挑む」（上・下）、シッダールタ・ムカジー著　田中文訳　早川書房
・「ガンのすべてがわかる本」　矢沢サイエンスオフィス編　学習研究社
・「甲状腺がん異常多発とこれからの広範な障害の増加を考える」　医療問題研究会編著　耕文社
・「泊原発とがん」　斉藤武一箸　寿郎社
・「保険会社がひた隠す上皮内癌の嘘」　倉篠はるか著　ファーストプレス
・「「がん」と「がん保険」がん保険基本マニュアル」　佐々木光信著　保険毎日新聞社

・「比較検証、がん保険」　佐々木光信箸　保険毎日新聞社
・「保険は危険がいっぱい！」　菊地勉箸　セルバ出版
・「日本劣化の正体」　佐藤栄佐久箸　ビジネス社
・「封印された「放射能」の恐怖」　クリス・バズビー著　飯塚真紀子　訳　講談社
・「東京が壊滅する日」　広瀬隆著　ダイヤモンド社
・「放射線を医学する」　西岡昌紀著　リベルタ出版
・「医者はなぜ、乳がんの「予防法」を教えないのか」　サミュエル・S・エプスタインMD
デイビッド・スタインマン／スザンヌ・ルバート箸　中央アート出版社
・「「いつものパン」があなたを殺す」　デイビット・パールマスター箸　白澤卓司訳　三笠書房
・「査定医ドクター牧野　がんの話」　牧野安博箸　セールス手帖社保険FPS研究所
・「各社がん保険におけるがんの定義の違いと問題点」　嘉藤田　進箸　リサーチビュー2011
・「電磁波汚染　見えない危険は防げるか」　天笠啓祐箸　日本実業出版社
・「「アメリカ小麦戦略」と日本人の食生活」」　鈴木猛夫箸　藤原書店
・「乳がん患者の8割は、朝、パンを食べている」　幕内秀夫箸　G．B．
・「なぜ「牛乳」は体に悪いのか」　フランク・オスキー箸　弓場隆　訳　東洋経済新報社
・「乳がんと牛乳　がん細胞はなぜ消えたのか」　ジェイン・プラント箸　佐藤章夫　訳　径書房

著者略歴

菊地　勉（きくち　つとむ）

1961 年滋賀県生まれ。元損害保険登録鑑定人。全国に営業拠点を展開する保険代理店の法人営業企画部長。

大学卒業後、大手損害保険会社を経て、損害保険鑑定人として総額 1,500 億円を超える評価鑑定並びに損害鑑定に携わる。

保険商品よりも保険約款・社内規定に通暁することが必要不可欠という信念のもと、日々の仕事に当たっている。

その傍ら、妻亡きあとは家事、育児をこなし、毎朝5時起きで無添加を意識した朝ごはん、お弁当をつくって愛娘を学校に送り出すシングルファザー。

著書には、「保険は危険がいっぱい!」（セルバ出版）などがある。

ブログ名：シングルファザー・きくたんのレシピ
URL：http://ameblo.jp/soken1130
検索：「きくたん料理」でクリック

がん保険に加入する前に読む本

2017年 5 月19日　発行

著　者　菊地　勉　

発行人　森　　忠順

発行所　株式会社 セルバ出版
〒 113-0034
東京都文京区湯島 1 丁目 12 番 6 号 高関ビル 5 B
☎ 03（5812）1178　　FAX 03（5812）1188
http://www.seluba.co.jp/

発　売　株式会社 創英社／三省堂書店
〒 101-0051
東京都千代田区神田神保町 1 丁目 1 番地
☎ 03（3291）2295　　FAX 03（3292）7687

印刷・製本　モリモト印刷株式会社

Printed in JAPAN
ISBN978-4-86367-337-3